教育部中外语言交流合作中心2022年国际中文教育研究课题重点项目资助22YH35B
教育部中外语言交流合作中心2020年度国际中文教育重点项目
山东大学2020年国际化课程建设项目

商务中文
Business Chinese

刘 颖 主编 刘 颖 崔一方 编著

预习册
Preview Manual

Content

目 录

第 1 课　我已经给两位订好酒店了 …………………………………… 1

第 2 课　请您确认一下日程安排 ………………………………………… 12

第 3 课　很荣幸为二位接风洗尘 ………………………………………… 23

第 4 课　这是我们公司的产品体验区 …………………………………… 33

第 5 课　这家工厂的规模可真不小 ……………………………………… 45

第 6 课　我接受这个报价 ………………………………………………… 56

第 7 课　我们的广告最好新旧结合 ……………………………………… 68

第 8 课　选对了代言人就能事半功倍 …………………………………… 80

第 9 课　这个活动力度确实不小 ………………………………………… 91

第 10 课　在官网平台申请品牌展位 ……………………………………… 102

第 11 课　我边介绍边给您演示 …………………………………………… 115

第 12 课　我们非常看重和中国公司的合作 ……………………………… 126

第 13 课　欢迎你参加今天的面试 ………………………………………… 139

第 14 课　我一定会加倍努力的 …………………………………………… 152

第 15 课　我把你拉到部门微信群 ………………………………………… 162

第1课 我已经给两位订好酒店了

一 学习目标

1. 能完成接机、酒店入住等商务活动。
2. 能使用航班信息查询、酒店预订等常用软件。
3. 能在出入中国海关时正确申报所带物品。

二 生词

1. 延误 yánwù （动词） to delay

简单来说："延误"就是比规定的、已经定好的时间晚。

例句：前往喀什的 CA1477 次航班计划 13:20 起飞，因为大雪，现在预计要 21:00 才能起飞，延误了大约 8 个小时。

航班号	前往	计划	预计	柜台	备注
CA1477	喀什	13:20	21:00	3-20	延误
HU73367 8	成都	13:30	20:15	3-20	延误

思考：飞机一般会因为什么原因延误呢？

2. 海关　　hǎiguān　　（名词）　　customs

简单来说："海关"是对出入国境或边境的所有商品和物品进行监督检查、征收关税的国家机关，国际机场一般都有海关。

例句： 出国旅行或留学前，最好先上网查一查，什么东西不能过海关。

思考： 什么东西不能过中国海关？

3. 托运　　tuōyùn　　（动词）　　to consign for shipment

简单来说："托运"就是把东西交给运输企业帮助你运送。在机场，我们常常把大件行李交给机场工作人员，这样我们就不用自己拿着上飞机了。

例句： 我们的行李很多，需要提前到机场办理托运。

思考： 坐飞机时，哪些东西需要托运？

4. 申报　　shēnbào　　（动词）　　to declare

简单来说："申报"就是用书面形式向上级或有关部门报告。比如：过海关时，根据规定，要把你带的需要说明的东西填写到一张表格上，这张表格叫"申报单"。

例句： 中国海关规定，如果带的香烟超过400支，需要向海关申报。Jason 带了500支香烟入境，那么他需要填写《中华人民共和国海关进出境旅客行李物品申报单》。

第1课　我已经给两位订好酒店了

中华人民共和国海关
进出境旅客行李物品申报单

请仔细阅读申报单背面的填单须知后填报

姓 _____　名 _____　男 □　女 □

出生日期 ____ 年 __ 月 __ 日　　国籍（地区）_____

护照（进出境证件）号码 _____

进境旅客填写	出境旅客填写
来自何地 _____	前往何地 _____
进境航班号/车次/船名 _____	出境航班号/车次/船名 _____
进境日期：__ 年 __ 月 __ 日	出境日期：__ 年 __ 月 __ 日
携带有下列物品请在"□"画"√"	携带有下列物品请在"□"画"√"
□ 1. 动植物及其产品、微生物、生物制品、人体组织、血液及其制品 □ 2. 居民旅客在境外获取总值超过人民币5000元的物品 □ 3. 非居民旅客拟留在境内总值超过人民币2000元的物品 □ 4. 超过1500毫升的酒精饮料（酒精含量12度以上），或超过400支香烟，或超过100支雪茄，或超过500克烟丝 □ 5. 超过20 000元人民币现钞，或超过折合美元5000元外币现钞 □ 6. 分离运输行李，货物、货样、广告品 □ 7. 其他需要向海关申报的物品	□ 1. 文物、濒危动植物及其制品、生物物种资源、金银等贵重金属 □ 2. 居民旅客携带需复带进境的单价超过人民币5000元的照相机、摄像机、手提电脑等旅行自用物品 □ 3. 超过20 000元人民币现钞，或超过折合美元5000元外币现钞 □ 4. 货物、货样、广告品 □ 5. 其他需要向海关申报的物品

携带有上述物品的，请详细填写如下清单

品名/币种	型号	数量	金额	海关批注

我已经阅读本申报单背面所列事项，并保证所有申报属实。

旅客签名：_____

思考： 在你们国家，过海关时哪些东西需要申报？

5. 实时　　shíshí　　（副词）　　real-time

简单来说："实时"就是与某事发生、发展的实际时间同步。

例句："实时公交"APP可以让乘客实时查到要坐的公交车开到哪儿了。

思考：请查一查你们国家的货币兑换人民币的实时汇率是多少。

6. 显示　　xiǎnshì　　（动词）　　to display, to show

简单来说："显示"就是让你看到，"显示"的一般是温度、心率、距离、时间等信息。

例句：体温计能显示出人的体温，宝宝现在的体温是36.5℃。

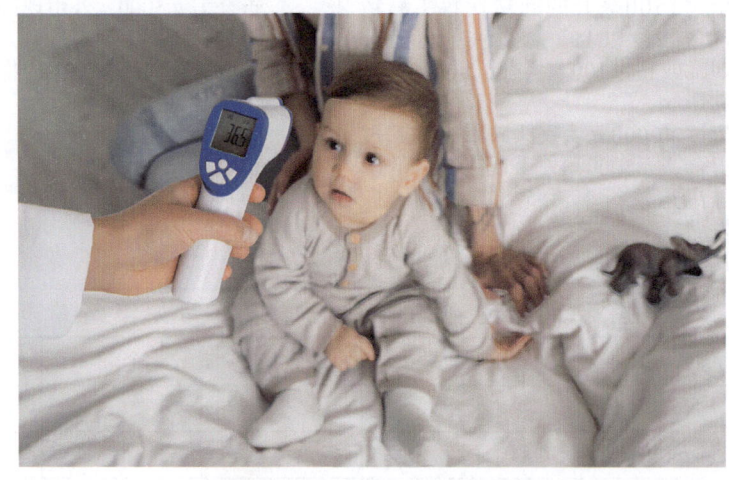

思考：手机快没电时，屏幕上会显示什么？

7. 预订　　yùdìng　　（动词）　　to book, to reserve

简单来说："预订"就是提前订购。

例句：安娜8月3日要去上海出差，她7月15日就在网上预订了一家酒店的房间。

第1课　我已经给两位订好酒店了

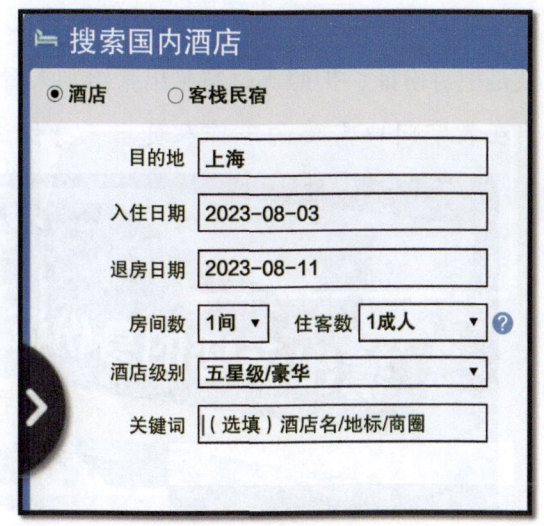

思考：你一般用什么APP预订酒店和机票？

8. 采购　　cǎigòu　　（动词）　　to purchase

简单来说："采购"就是根据需要去选择购买。

例句：公司采购了100台新电脑，总价80万。

思考：采购部、采购员、采购经理、采购部部长分别指的是什么？

9. 专车　　zhuānchē　　（名词）　　tailored taxi service

简单来说："专车"就是专门为某个人或某件事服务的车。

例句：从公司打车到机场，可以选择出租车、专车或商务车，专车的服务比一般的出租车好一些，价格也贵一些，商务车最贵。

5

10. 出示　chūshì　（动词）　to show, to produce

简单来说："出示"就是把身份证、护照等材料拿出来给别人看。

例句： 正式考试时，在教室门口需要向工作人员出示身份证或护照，以及准考证。

思考： 在哪些场合，需要出示身份证件？

11. 证件　zhèngjiàn　（名词）　credentials, identification

简单来说："证件"是证明身份、经历等的文件，比如护照、身份证、学生证、教师资格证、律师资格证、毕业证等。

例句： 实在抱歉，如果没有证件，我无法确认您的身份，不能让您进去。

思考： 在你们国家，比较重要的证件有哪些？

12. 总额　zǒng'é　（名词）　total amount

简单来说："总额"就是总共的数量。

例句： 小王每个月工资8000元，一年的工资总额是96 000元。

思考： 请你上网查一查，2022年中国外贸进出口总额是多少。

13. 冻结　dòngjié　（动词）　to freeze

简单来说： 你的钱在银行卡里，但是银行暂时不让你用了，就是"冻结"。

第1课　我已经给两位订好酒店了

| 客户用信用卡消费 | → | 商家申请冻结金额 | → | 消费完成 | → | 银行付钱 |

例句：我的银行卡被冻结了，不能取钱了。

思考：什么情况下会被冻结银行账号？

14. 预授权　yùshòuquán　（名词）　pre-authorization

简单来说："预授权"是指持卡（信用卡或借记卡）人在宾馆、酒店或出租公司等消费时，商家根据预估的消费金额向发卡银行申请冻结账户资金的业务。

例句：（在酒店前台）

　　服务员：先生您好，您的房费总额是1800元，我们先冻结您2000元的预授权。

思考：请你上网查一查，一般什么时候可以使用预授权。

15. 押金　yājīn　（名词）　deposit

简单来说：在住酒店或租房时，对方会多收你一些钱，这些钱就是"押金"。如果离开时弄丢了或弄坏了东西，押金就会少给你或不给你。押金可以给现金，也可以刷卡，还可以使用银行卡预授权，预授权的金额相当于押金。

例句：随着科技发展和消费习惯的变化，以及酒店行业竞争越来越激烈，现在很多酒店已经不收押金，只收房费了。

思考：除了住酒店，还有什么时候需要交押金？

16. 结算　jiésuàn　（动词）　to settle an account

简单来说："结算"就是算算一共多少钱。

例句：整个项目结束后，总公司会跟您结算全部费用。

项目部工程量结算单						编号：	
班组名称：		结算日期： 年 月 日				本联附件___张	
序号	工程项目或内容	单位	数量	单价	合计金额	备注	
1							
2							
3							
4							
5							
6							
7							
处罚及扣款							
合计金额							
总经理：　　年　月　日		**分管经理：**　　年　月　日			施工员		班组负责人
					质检员		
					安全员		

思考： 结算一般在什么时候进行？

17. 扣除　　kòuchú　　（动词）　　to deduct

简单来说： "扣除"就是从总额中减去。

例句：（1）结算时，房费会从预授权中扣除。

　　　　（2）小王每月税前工资 8800 元，扣除保险和税以后，实际工资收入是 7500 元。

思考： 在你们国家，实际的工资收入是扣除哪些项目以后得到的？

三 常用表达

1 您汉语说得太地道了。

Your Chinese is so authentic.

这句话一般在夸奖别人汉语说得好时使用，"地道"的意思是真正的、纯粹的、标准的，"汉语说得太地道了"的意思是汉语说得非常标准、非常好，和中国人说的几乎没有差别。

第1课　我已经给两位订好酒店了

2 我在电话里还以为您是中国人呢！

I thought you were Chinese on the phone!

这句话一般在夸奖别人汉语特别好时使用，也可以说"您这汉语说得和中国人完全没两样啊"，或者开玩笑说"您是外国人吗？怎么汉语说得这么好"等。

3 请出示一下证件。

Please show me your identification.

在酒店前台、图书馆、考场等的入口，经常会有服务员或者管理员需要确认进出人员的身份，这时他们一般会对想要进入的人说："请出示一下证件。"

4 先冻结您2000元的预授权作为押金，结算时房费会从预授权中扣除。

Freeze your pre-authorization of 2,000 *yuan* as a deposit in advance. The room rate will be deducted from the pre-authorization at the time of settlement.

这是酒店前台服务员常说的话。我们在入住酒店的时候，商家可以先估算一下客人的消费金额，然后通过POS机冻结相应的金额，就相当于押金，等客人离店时再进行正式结算。

四　测试题

一、朗读课文，注意语音语调。

二、判断题。

1. Jason 和安娜的航班延误是因为天气不好。　　　　　　　　　（　　）

2. 孟安诺在机场等了很久，不太高兴。　　　　　　　　　　　（　　）

3. "飞常准"只能显示航班信息，不能订机票。　　　　　　　　（　　）

4. Jason 的职位是采购员。　　　　　　　　　　　　　　　　（　　）

5. 安娜向服务员出示了护照。　　　　　　　　　　　　　　　（　　）

6. 安娜用现金交了押金。　　　　　　　　　　　　　　　　　（　　）

三、单选题

1. 如果要去旅行，最好提前（　　）酒店和机票。
   A 订购　　　　　B 预定　　　　　C 申报　　　　　D 预订

2. 我觉得这个打车软件很方便，你也（　　）一个吧。
   A 上传　　　　　B 下载　　　　　C 复制　　　　　D 冻结

3. 一个外国人能把汉语说得这么（　　），真了不起啊！
   A 地道　　　　　B 真实　　　　　C 实在　　　　　D 真正

4. 如果身份证丢失，请您尽快去派出所（　　）申报补领新证的有关手续。
   A 办理　　　　　B 管理　　　　　C 办公　　　　　D 结算

5. （　　）是指信用卡或借记卡的持卡人在宾馆、酒店或出租公司等消费时，消费与结算不在同一时间完成，特约单位通过POS机预先向发卡机构索要授权的行为。
   A 预订　　　　　B 预约　　　　　C 预留　　　　　D 预授权

6. 如果信用卡丢失，可以主动要求银行临时（　　）信用卡。
   A 扣除　　　　　B 结算　　　　　C 冻结　　　　　D 冷冻

7. 如果你的支付宝信用分在600分以上，骑共享单车时就不需要交（　　）了。
   A 基金　　　　　B 总额　　　　　C 押金　　　　　D 余额

8. 北斗卫星导航系统（BeiDou Navigation Satellite System）是中国自行研发的全球第三个成熟的卫星导航系统，它可以为全球用户提供（　　）精准定位和导航服务。
   A 按时　　　　　B 实时　　　　　C 地道　　　　　D 超前

第1课　我已经给两位订好酒店了

四、根据课文，用合适的词语填空。

安娜的日记

2022 年 7 月 23 日　雷雨

　　今天我们来到深圳，天气不好，航班（　　）了。过海关的时候，我们带的一些物品需要（　　），耽误了很长时间，到达出口的时候，讯达公司的孟安诺已经在等我们了。他等了很久，我以为他会很无聊，没想到他早就在"飞常准"上看到航班信息了，他（　　）利用等我们的时间（　　）了几封邮件，什么工作都没耽误。

课前准备

下面有三个问题，请你想一想、查一查，上课时和大家分享。

1. 出差时可能会用到哪些 APP？
2. 办理酒店入住的过程是怎样的？
3. 出入境时哪些物品需要向中国海关申报？

第 2 课　请您确认一下日程安排

 **学习目标**

1. 能向他人解释说明商务活动计划和工作流程。
2. 能根据具体情况制订日程安排，并和他人讨论确定。

 **生词**

1. 设施　　shèshī　　（名词）　　installations, facilities

简单来说："设施"是能满足我们工作和生活需要的、长时间使用的、不容易变化的、不会走动的东西。

例句：教室里的桌椅、电脑、白板、投影等都是为了满足教学需求购买的，它们都是教学设施。

思考：办公场所一般有什么设施？

第2课　请您确认一下日程安排

2. 费心　fèixīn　（动词）　to trouble, to bother

简单来说："费心"就是用心、花时间。当我们麻烦别人时，常用"（让）……费心了"来表示请求或感谢。

例句：（1）下个月我出差，狗狗就交给你了，你多费心。
（2）这件事真是给您添麻烦了，让您费心了！

思考："请老师多费心"可能是什么场合说的话？

3. 将近　jiāngjìn　（副词）　nearly, almost

简单来说："将近"就是数量、时间等很接近。

例句：（1）我用了将近一个月的时间才看完这本书。
（2）将近2000人参加了今天的HSK考试。

思考：根据网上的数据，估算一下你们国家有多少中资企业，需要多少会中文的员工。

4. 贵宾　guìbīn　（名词）　VIP

简单来说："贵宾"就是非常重要的客人。如：贵宾卡、贵宾室、贵宾厅等。

例句：您是我们的贵宾，有任何问题，可以直接打这个电话找客服部经理。

思考：在你们国家，一般哪些地方有贵宾室？

5. 丰盛　fēngshèng　（形容词）　superb, sumptuous

简单来说："丰盛"指物质丰富。"饭菜丰盛"指有各种各样的饭菜，又多又好吃。

例句：李明半年才回一次家，每次回家爸妈都会给他准备一桌丰盛的饭菜。

思考： 在你们家，什么时候饭菜会比较丰盛？

6. 晚宴　　wǎnyàn　　（名词）　　banquet

简单来说： "晚宴"就是晚上举行的宴会。

例句：（1）晚宴 19:30 准时开始。

（2）你昨天参加欢迎晚宴时穿的那套礼服真好看。

（3）为庆祝公司成立十周年，我们打算举办一次客户答谢晚宴。

思考： 你参加过比较正式的晚宴吗？如果参加商务晚宴，需要注意什么？

7. 倒时差　　dǎo shíchā　　to get over jet lag

简单来说： "时差"就是不同时区之间的时间差，如北京比纽约快12个小时，时差就是12个小时。"倒"就是转换，"倒时差"就是转换时间，让身体适应当地时间。

例句： 科学家研发了一款眼镜，能够让长时间乘坐飞机的人不那么难受，尽快倒完时差，非常适合经常出差的商务人士。

思考： 你有倒时差的经历吗？

8. 确认　　quèrèn　　（动词）　　to confirm

简单来说： "确认"就是确定可以。

第2课　请您确认一下日程安排

例句：您仔细看一下，确认以后就不能修改了。

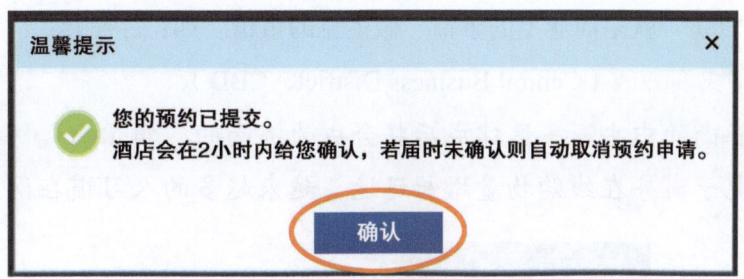

思考：办理什么事情时需要仔细确认？

9. 日程　rìchéng　（名词）　schedule

简单来说："日程"就是每日的行程，安排好每天每个时间段去哪里、做什么。

例句：10月15日—16日的活动日程已经发到您的邮箱了，请您根据日程表安排时间。

时间		安排
10月15日	11:20—16:00	去往乌鲁木齐
	19:00	到达石河子
10月16日	9:00—10:00	参观石河子大学
	10:30—13:30	出席学术报告会

思考：你一般什么情况下会做日程表？

10. 体验　tǐyàn　（动词）　to experience

简单来说："体验"就是自己去试试、去做做、去亲身经历。

例句：（1）王元从小在城市里长大，不了解农村生活，上个月公司组织员工去农村体验生活，他才明白当农民是很辛苦的。

（2）商场六楼新开了一家VR游戏馆，咱们也去体验一下吧。

思考：你想体验什么人的生活？

11. 商务　　shāngwù　　（名词）　　business affairs

简单来说: "商务"就是商业上的事情、做生意的事情。如：商务中文、商务装、电子商务、中央商务区（Central Business District，CBD）。

例句: （1）济南的中央商务区建成后将会成为济南的"华尔街"。

（2）电子商务在线购物量增长迅速，越来越多的人习惯在网上购物了。

思考: 你参加过很正式的商务活动吗？

12. 洽谈　　qiàtán　　（动词）　　to talk over with, to negotiate (business)

简单来说: "洽谈"就是接洽商谈。如：商务洽谈、贸易洽谈、洽谈会。

例句: （1）与客户进行商务洽谈，一定要做到充分了解客户，明确需求。

（2）第21届中国国际投资贸易洽谈会于2021年9月8日至11日在福建省厦门市举办，超过40个国家和地区参会。

思考: 你认为商务洽谈前要做哪些准备工作？

13. 流程　liúchéng　（名词）　process

简单来说："流程"就是生产、会议、工作等的具体过程。

例句：参加招聘考试，需要根据流程一步一步地完成网上报名。

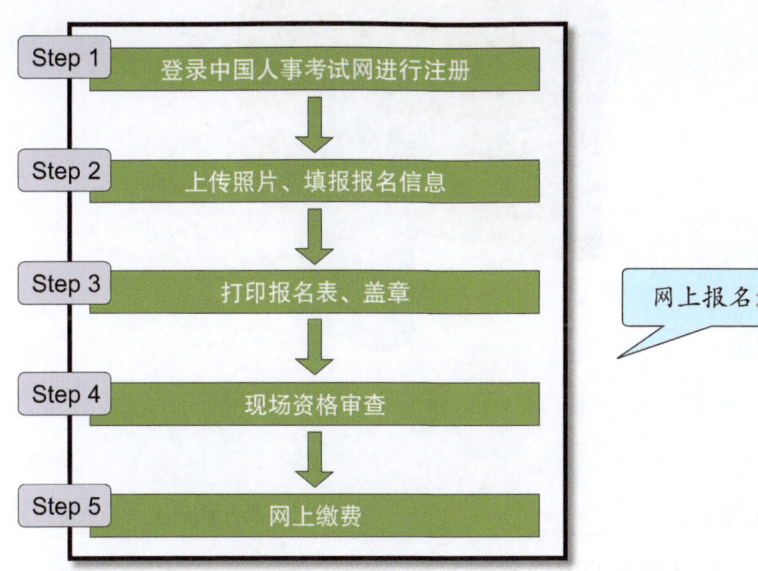

思考：在你们国家开办一个公司的流程是怎样的？

14. 轻易　qīngyì　（副词/形容词）　rashly; easy

简单来说："轻易"做副词的意思是随随便便，做形容词的意思是简单容易。

例句：（1）他从不轻易发表意见。（随随便便）

（2）好的成绩不是轻易得到的。（简单容易）

思考：生活中不要轻易答应别人什么事？

15. 涉及　shèjí　（动词）　to involve, to relate to

简单来说："涉及"就是关联到……、对……有影响。

例句：（1）这项工程共涉及5个小区。

（2）如果这件事不涉及你，你就不要轻易说话。

思考：请你上网查一查，你们国家最大的企业涉及哪些业务。

16. 机密　jīmì　（名词/形容词）　secret; confidential

简单来说："机密"做名词的意思是重要而秘密的事，做形容词的意思是重要而秘密的。

例句：（1）企业合同涉及商业机密，除了买卖双方，一般不会轻易给第三方看。

（2）机密文件，严禁外传。

思考： 你认为对于一家公司来说，哪些信息属于商业机密？

17. 延长　　yáncháng　　（动词）　　to lengthen, to extend

简单来说： "延长"就是向长的方面发展。如：延长时间。

例句： 今年参加会议的人数比去年多一倍，所以我们把会议时间从两个小时延长到了三个半小时。

思考： 在手机电量不低于20%时开始充电可以（　　）手机寿命吗？

　　A 增长　　　　　B 延长　　　　　C 延误

18. 达成　　dáchéng　　（动词）　　to reach (an agreement)

简单来说： "达成"就是经过商谈有了大家都同意的结果。

例句： 谈了半年多，两家公司终于达成了长期合作的意愿。

第2课　请您确认一下日程安排

思考：两个国家已经就经贸领域的相关合作（　　）了共识。

　　　A. 达到　　　　B. 达成

19. 意向　　yìxiàng　　（名词）　　intention

简单来说："意向"就是希望实现的、想要做的方向或事情。如：合作意向、求职意向、就业意向。

例句：（1）这两家公司早就有合作意向，今年终于正式合作了。

　　　（2）求职意向就是找工作的人对未来工作的希望和计划。

思考：请说说你的求职意向。

 常用表达

1　您的安排很周到，让您费心了。

Your arrangement is very thoughtful. Thank you for your help.

你希望别人花时间和精力帮助你或感谢别人花时间和精力帮助你时，可以说"让您费心了"。

例：你负责的项目遇到了一个非常麻烦的问题，领导想了很多办法帮你解决了这个问题，你可以说："孙总，这个项目让您费心了，我一定努力把后边的工作做好，您放心。"

2　考虑到你们坐了将近两天的飞机，咱们今天就在酒店的贵宾厅吃个简单的午餐。

Considering you've been on a flight for nearly two days, let's have a light lunch in the hotel VIP lounge today.

考虑到 + 原因，……办法 / 决定 / 结果……

例：快到新年了，大家忙了一年都很累，作为老板，你可以说："新年快到了，考虑到这一年大家都非常辛苦，公司给每个人都准备了红包，而且新年假期延长三天！"

3 请您确认一下日程安排。

Please confirm your schedule.

　　在工作中，我们根据各种情况制订好日程安排后让相关人员进行确认时常常说这句话。

4 其实我们一般不会轻易安排去工厂参观的，除非像你们这样的大客户。

In fact, we usually do not easily arrange to visit the factory, unless they are big customers like you.

　　一般……，除非 + 条件。

　　例：应聘者询问通过面试后是否可以进入总公司工作，作为招聘负责人，你可以这样回答："新员工一般不会直接进入总公司工作，需要先在分公司实习，除非面试成绩特别优秀。"

5 希望我们早日达成合作意向。

I hope we can reach a cooperation intention soon.

　　在商务合作正式开始前，两家或多家公司一般会先进行一些参观、考察、初步洽谈等活动，活动结束时常常说这句话。

第2课 请您确认一下日程安排

 测试题

一、朗读课文，注意语音语调。

二、判断题。

1. 吃午饭时，孟安诺和安娜他们确定了日程安排。（　　）
2. 总公司没有产品体验区。（　　）
3. Jason 他们是大客户，所以可以参观工厂。（　　）
4. 对于日程安排，安娜没有任何问题。（　　）
5. Jason 会用法语在洽谈会上发言。（　　）

三、单选题。

1. 老王在这家服装厂工作（　　）十年了。
　A 临近　　　　B 将近　　　　C 靠近　　　　D 贴近

2. 学校食堂为留校过春节的同学准备了（　　）的年夜饭。
　A 丰富　　　　B 丰满　　　　C 丰盛　　　　D 丰收

3. 这种产品的制作（　　）非常复杂，成本也高。
　A 日程　　　　B 进程　　　　C 行程　　　　D 流程

4. 书上读过的东西可能很快就忘了，必须亲自（　　）过才会印象深刻。
　A 体验　　　　B 体检　　　　C 检查　　　　D 经验

5. 小王非常内向，从不（　　）把心里话告诉别人。
　A 容易　　　　B 费心　　　　C 轻易　　　　D 涉及

6. 机器不用时最好关闭电源，这样可以（　　）它的使用寿命。
　A 增长　　　　B 拉长　　　　C 延缓　　　　D 延长

7. 展览期间，还将举办环保专题报告会、新技术交流会、商务（　　）会等活动。
　A 谈话　　　　B 洽谈　　　　C 约会　　　　D 机密

8. 我们已经和腾讯公司达成了初步的合作（　　）。

　　A 意向　　　　B 想法　　　　C 意见　　　　D 日程

四、请将下列词语填入合适的位置。

> 设施　　材料　　流程　　确认　　进行

孟安诺的记事本

7月25日在总公司一楼报告厅举办商务洽谈会，需要提前做以下准备：

7月23日找大楼管理员拿钥匙；

7月24日中午前确定7月25日当天的会议（　　），重点是确认发言顺序和发言时长；

7月24日下午2:00前检查报告厅的（　　）（投影、桌椅、电脑等），保证7月25日会议正常（　　）；

7月24日下午5:00前跟所有参会人员最后（　　）能否参加；

7月24日下班前整理好所有的会议（　　），包括会议手册、公司年报、来宾座位图等。

课前准备

下面有三个问题，请你想一想、查一查，上课时和大家分享。

1. 接待客商时需要做哪些准备？
2. 客商来访的日程安排一般包括哪些内容？
3. 如何与客商确认日程安排？

第3课　很荣幸为二位接风洗尘

 学习目标

> 1. 能根据具体情况选定商务宴请地点，完成接待任务。
> 2. 能根据中式商务宴请礼仪得体表达并恰当回应对方。

 生词

1. 主陪　　zhǔpéi　　（名词）　　the main person who accompanies the guest(s)

简单来说："主陪"就是最主要的陪客人的主人，在请客的一方中可能地位最重要、职位最高或年纪最大。"主宾"指最主要的宾客（客人），一般坐在主陪的右手边。

例句：主陪是请客的主人，一般坐在正对门口或最里边的位置，负责把控整个宴会的流程、陪同客人等。

思考：在上图中，方中信应该坐在哪个位置？Jason 呢？

2. 副陪　fùpéi　（名词）　the second most important person who accompanies the guest(s)

简单来说："副"就是第二位的，"副陪"就是第二位的主人，是请客一方第二重要的人，也可以说"副主陪"。"副宾"指第二重要的宾客（客人），也可以说"副主宾"，一般坐在主陪的左手边。

例句：副陪坐在主陪的对面，一般离门口比较近，主要任务是敬酒、照顾客人、去结账等。

思考：在上图中，孟安诺应该坐在哪个位置？安娜呢？

3. 装修　zhuāngxiū　（动词）　to decorate (a room or house)

简单来说："装修"就是改变房屋原来的样子，使它更美观、更适合居住或使用。

例句：听说我们的新办公室月底就能装修完，桌椅和电脑都换新的了，真想快点儿搬进去啊。

第3课　很荣幸为二位接风洗尘

思考：你自己或你父母装修过房子吗？是自己装修的还是找的装修公司？

4. 粤式　yuèshì　（形容词）　Cantonese

简单来说："粤"是中国广东省的简称，"粤式"就是广东风格的或广东风味的。

例句：粤式早茶指的是广东省的早点小吃，可以说"喝早茶、饮早茶、吃早茶"是广东省的传统文化，也是广东人的社交方式。

思考：参考"粤式"，猜一猜"广式、港式、澳式、法式、日式、美式、英式"分别是什么意思。

5. 忌口　jìkǒu　（动词）　to avoid certain food (as when someone is ill)

简单来说："忌口"就是因为生病或其他原因不能吃某些东西，一般中医比较讲究忌口。

例句：小李最近生病了，嗓子发炎，医生让他喝中药，还得忌口，不能吃鱼、虾等海鲜，也不能吃葱、姜、蒜、辣椒等食物。

思考：喝中药时，一般有哪些东西需要忌口？

6. 齐名　qímíng　（动词）　to enjoy equal popularity

简单来说："齐名"就是"……和……一样有名"。

例句：这家公司以前和华为公司齐名，现在却很少见到该公司的产品了。

思考：在你们国家，"小米"这个品牌和哪些品牌齐名？

7. 高端　gāoduān　（形容词）　high-end

简单来说："高端"就是同类产品中等级、价位等较高的，同类产品根据价格、技术、质量等一般可以分为低端、中端、高端三个等级。

例句：2020年上半年，在中国高端手机市场中，华为手机排名第一，苹果手机排名第二，小米手机排名第三。

思考：在你们国家的高端手机市场，哪些品牌的手机很受欢迎？

8. 有幸　　yǒuxìng　　（形容词）　　lucky

简单来说："有幸"就是很幸运、有运气。

例句：早就知道青岛啤酒的发展历史，今天终于有幸走进青岛啤酒股份有限公司参观学习，还在那儿品尝了多种口味的啤酒。

思考："有幸"一般在什么场合下使用？

9. 品尝　　pǐncháng　　（动词）　　to taste

简单来说："品尝"就是吃一吃、喝一喝、尝尝是什么味道或滋味。如：品尝美食。

例句：我喜欢旅行，因为旅行不仅能欣赏美丽的风景，还能品尝各地的美食。

思考：如果外国人去你们国家旅行，你觉得哪些美食一定要品尝？

10. 俗话　　súhuà　　（名词）　　common saying

简单来说："俗话"就是大家都知道的、有一定道理的话，如"一分钱一分货、来得早不如来得巧、捡了芝麻丢了西瓜"。

例句：俗话说："商场如战场。"做生意就要面对激烈的竞争，要学会面对失败，不轻易放弃。

思考：分享一句你的母语中你觉得最有道理的俗话。

11. 接风洗尘　　jiēfēng-xǐchén　　（成语）　　to give a dinner for the arrival of someone

简单来说："接风"就是迎接，"洗尘"就是洗去灰尘，"接风洗尘"就是用丰盛的饭菜迎接远方来的客人或远行归来的人。

例句：今晚我们在蓝海大饭店为海外项目组接风洗尘，庆祝他们完成任务顺利回国。

思考：在你们的礼节文化中，如何给远方来的人接风洗尘？

12. 敬　　jìng　　（动词）　　to offer politely

简单来说："敬"指有礼貌地送上（饮食或物品）。"敬酒"就是端起酒杯，用喝酒的方式向对方表示尊敬、感谢、欢迎等，敬酒时酒杯一般要比对方低一点儿，说完敬酒原因和感谢的话以后一般要自己先喝，也可以同时喝。还可以敬茶、敬烟。

例句： 王总，这个项目如果没有您的指导绝对不会这么成功，感谢您对我的帮助，我敬您一杯。

思考： 说说你们国家关于敬酒、敬茶的习俗。

13. 疏忽　　shūhu　　（动词）　　to neglect

简单来说："疏忽"就是粗心大意或忽略，常常导致不好的结果。

例句： 昨天工作太多，我一时疏忽，把本来应该发给王总的邮件发给客户了，幸亏里边没有商业机密。

思考： 请举个"疏忽"的例子。

14. 量力而行　　liànglì'érxíng　　（成语）　　to do according to one's abilities

简单来说："量力而行"就是按照自己能力的大小去做事。

例句： 咱们是个小公司，拍广告要量力而行，不一定非得请这么贵的大明星。

思考： 你的母语中有没有和"量力而行"意思差不多的词？

15. 盛情款待 shèngqíng kuǎndài   to treat sb. with the utmost cordiality

简单来说:"盛情款待"就是非常热情地招待客人。

例句:贵公司不但安排专人、专车接送,还为我们安排了五星级酒店的食宿,非常感谢贵公司的盛情款待!我先敬大家一杯。

思考:在你们国家,如何盛情款待他人?

16. 预祝 yùzhù   (动词)   to congratulate beforehand

简单来说:"预祝"就是预先祝愿。

例句:(1)预祝我们房产大卖!来,干杯!

(2)我代表公司预祝各位电商朋友们"双十一"大卖!

思考:"预祝"和"祝贺"分别用于什么时候?

专有名词

五粮液 Wǔliángyè   Wuliangye, a kind of Chinese white liquor

例句:(1)五粮液是和茅台一样有名的高端白酒,产于四川省宜宾市。

(2)中国有八大名酒的说法,一般指茅台、五粮液、汾酒、剑南春、古井贡酒、泸州老窖特曲、西凤酒、董酒。

 三 常用表达

1 二位有什么忌口的吗？

Do you have any dietary restrictions?

请客吃饭时，点菜前一般要先了解一下对方的饮食习惯，了解对方不能吃什么或者不习惯吃什么，如香菜、辣的食物等。可以问："二位有什么忌口的吗？"也可以直接问："二位能吃辣吗？""二位喜欢什么口味？"

2 首先请允许我代表讯达公司向二位表示最热烈的欢迎。

First of all, please allow me, on behalf of Xunda Corporation, to extend our warmest welcome to you both.

在比较正式的场合，向对方表示欢迎时可以说这样的话，一般是代表自己的公司欢迎来宾。可以在"首先请允许我代表……向……表示最热烈的欢迎"之后再说正式的、具体的内容。

3 俗话说："有朋自远方来，不亦乐乎？"

As the saying goes, "How happy it is to have friends coming from afar!"

"有朋自远方来，不亦乐乎？"出自《论语》，意思是"有志同道合的人从远方来，难道不是很快乐吗"，现在常被用于对远方来的朋友表示欢迎，在商务会议或商务宴请中欢迎远方来的客人时可以说这句话。

此外，"不怕生意小，就怕顾客少""有多大本钱，做多大生意""机不可失，时不再来""知己知彼，百战不殆"等也是描写商业情况的俗话，也经常用在商务场合中。

4 很荣幸为二位接风洗尘！

It's an honor to host a dinner of welcome for both of you!

当你得到一个非常好的机会并为此感到开心时，可以说"很荣幸……"，一般是作为客气话来说。

例：公司年会时，你作为优秀员工代表发言，你可以说："今天很荣幸能代表优秀员工在这里发言。"

5 感谢讯达公司的盛情款待。

Thank Xunda Corporation for your generous hospitality.

重要客户来公司考察产品、了解情况以及双方在正式合作之前一般会有商务宴请的活动，客户在宴请中或宴请后表达感谢时常说"感谢……的盛情款待"。

6 预祝我们合作愉快！

Wish us a happy cooperation!

这句话的意思是"预先祝愿我们合作愉快"。公司之间如果打算合作，在前期的洽谈或宴请中，会说这句话表达一下美好的愿望。

 四 测试题

一、朗读课文，注意语音语调。

二、判断题。

1. 孟安诺是今天商务宴请的副陪。　　　　　　　　　　　　　　　（　　）

2. 深圳的北方餐厅很少，所以只能吃粤菜。   （   ）

3. 很多外国人都不能吃香菜，但 Jason 没问题。   （   ）

4. 安娜没有什么忌口的东西，什么菜都能吃。   （   ）

5. 安娜在中国工作过五年，听说过茅台酒。   （   ）

6. 方总让客人把杯子里的酒喝光。   （   ）

7. 方中信和安娜代表各自的公司互相敬酒。   （   ）

三、单选题。

1. 在中国的正式宴会中，（   ）的座位一般离门口最远，但对着门口。
   A 主陪　　　　B 副陪　　　　C 主宾　　　　D 副主宾

2. 这家餐厅是新中式的（   ）风格。
   A 制造　　　　B 整理　　　　C 装修　　　　D 收拾

3. 如果（   ）成为贵公司的一员，我一定认真努力工作，为公司做出自己的贡献。
   A 幸福　　　　B 有幸　　　　C 机会　　　　D 荣幸

4. 清华大学是与北京大学（   ）的优秀学府。
   A 齐名　　　　B 报名　　　　C 有名　　　　D 著名

5. 您现在看到的这款产品属于我们公司新推出的（   ）机，不但外形好看，功能也很全面。
   A 高速　　　　B 提高　　　　C 高端　　　　D 特别

6. 法国总统（   ）法国和中国文化交流年活动取得圆满成功，并希望《欧洲时报》的读者积极支持这次活动。
   A 预习　　　　B 预祝　　　　C 敬酒　　　　D 庆祝

7. 王总，我（   ）您一杯，感谢您对我的关心与照顾。
   A 请　　　　　B 敬　　　　　C 进　　　　　D 喝

8. 要仔细检查一下这个表里的数字，千万不要因为一时（   ）造成错误。
   A 忽视　　　　B 忽略　　　　C 疏忽　　　　D 忽然

四、请将下列词语填入合适的位置。

盛情款待　　量力而行　　敬　　接风洗尘　　有幸　　齐名

安娜的日记

2022 年 7 月 27 日　晴

　　今天，讯达公司的方总和孟安诺在酒店宴会厅为我们（　　）。宴会期间，我（　　）品尝了与茅台（　　）的五粮液。方总（　　）酒时，Jason 一口喝光了一杯白酒，但其实干杯并不一定要全部喝光，（　　）就可以了。Jason 和我非常感谢方总的（　　），我们也希望能和讯达公司长期合作下去。

课前准备

下面有三个问题，请你想一想、查一查，上课时和大家分享。

1. 在你们国家，宴请时一般怎么敬酒？
2. 在你们国家，敬酒时一般说什么？
3. 中式宴会的餐桌一般是圆形的还是方形的？主客的座位一般怎么安排？

第4课　这是我们公司的产品体验区

 **学习目标**

1. 能准确流利地介绍或询问产品性能、价格、服务等。
2. 能根据客户需求有针对性地推介产品并报价。

 **生词**

1. 宣传片儿　xuānchuánpiānr　（名词）　promotional video

简单来说："宣传片儿"就是介绍企业、城市、学校等的影视片儿。企业宣传片儿一般介绍企业的精神与形象、品牌与服务等。

例句：华为公司的宣传片儿《我的梦》，通过一个小女孩儿成长为钢琴家的故事让我们看到了梦想与坚持的力量。

思考：哪些品牌的宣传片儿让你印象深刻？请你说一说。

2. 截至　jiézhì　（动词）　to be no later than

简单来说："截至"就是截止到（某个时候），到某个时间停止。

例句： 这次比赛报名日期<u>截至</u>本月底。

思考： （1）HSK考试报名期限（　　）本月28号。

（2）4月的HSK考试报名（　　）日期是3月13号。

A 截至　　　　　　B 截止

3. 份额　　fèn'é　　（名词）　　share, portion

简单来说： "份额"就是在总数中占的比例。如：市场份额。

例句： 2019年全球智能手机厂商市场份额占比中，三星占21.6%，排名第一；华为占17.6%，排名第二；苹果占13.9%，排名第三；小米和OPPO分别排名第四和第五。

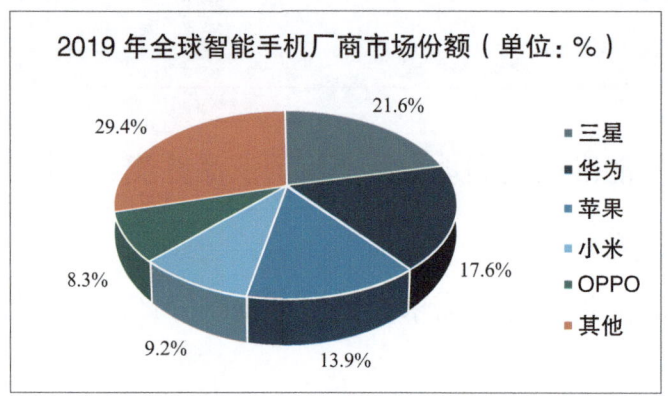

思考： 请你查一查2022年全球笔记本电脑市场份额排名情况。

4. 研发　　yánfā　　（动词）　　to research and develop

简单来说： "研发"就是研制开发。如：研发中心、研发人员。

例句： 传音公司上海研发中心现有员工超过800名，他们研发出的TECNO手机已经成为非洲市场中的领导品牌。

第4课 这是我们公司的产品体验区

思考：你们国家哪些企业的研发能力比较强，你知道吗？

5. 电信　　diànxìn　　（名词）　　telecommunications

简单来说："电信"就是利用电话、手机等传送信息的通信方式。中国三大电信公司分别是中国联通、中国移动和中国电信。

例句：中国三大电信公司都表示，2019年下半年可以开始提供5G服务，2020年可以正式使用5G。

思考：你用的是哪个电信公司的手机号码？你们国家有几个电信公司？

6. 待机　　dàijī　　（动词）　　to stand by

简单来说："待机"就是（电脑、手机等）处于等待使用、等待工作的状态。

例句：（1）这款手机如果在三分钟内不进行任何操作，就会自动进入待机状态。

（2）我最喜欢这款手机的超长待机功能，充一次电能用一个星期，出门再也不用担心突然没电了。

思考：你的手机充一次电可以待机多长时间？

7. 系列　　xìliè　　（名词）　　series

简单来说："系列"就是有关系的一组或一套事物。如：系列产品、一系列。

例句：（1）好利来最近推出"半熟芝士"系列蛋糕，10种颜色代表10种口味，满足了消费者的不同喜好。

（2）2020年10月14日，苹果推出了全新的iPhone 12系列手机：iPhone 12 mini、iPhone 12、iPhone 12 Pro 和 iPhone 12 Pro Max。

思考：上网查一查哪些产品是系列产品。

35

8. 组建　　zǔjiàn　　（动词）　　to set up (an organization or a team)

简单来说："组建"就是组织并建立小组、队伍、公司等。

例句：（1）2017年腾讯和三大电信公司共同组建了数字广东网络建设公司。
　　　（2）华谊公司和复旦大学组建了"上海华谊－复旦新材料研究中心"。

思考：你组建过小组或团队吗？组建的目的是什么？

9. 团队　　tuánduì　　（名词）　　team, group

简单来说："团队"一般指有共同目标、相互协作的团体。如：销售团队、设计团队、团队精神。

例句：这几个刚毕业的大学生组成了一支包括设计、推广、营销在内的专业团队，创建了一家小公司。

思考：你认为团队精神主要包括哪些方面？

第4课　这是我们公司的产品体验区

10. 优化　　　yōuhuà　　　（动词）　　　to optimize (design or enviroment)

简单来说："优化"就是加以改变或选择使（计划、环境、流程等）变得更好。

例句：这款车是上海通用经过新技术改造，在传统车型的基础上优化产品性能和价格之后推出的别克GL8商务车。

思考：查看一下你常用的APP，最新版本在哪些方面做了优化。

11. 输入　　　shūrù　　　（动词）　　　to input

简单来说："输入"就是将有形或无形的物质从外部送到内部。如：输入密码、输入汉字、输入法。

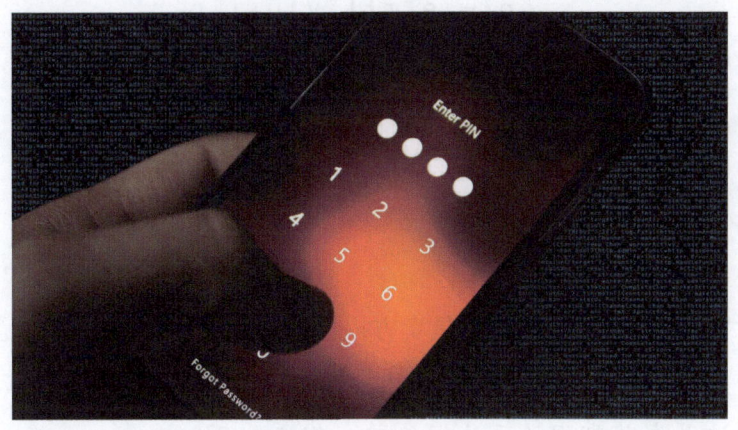

例句：（1）微信的语音输入功能可以把你说的话转换成汉字，比打字快多了。
　　　（2）你的手机现在不能输入汉字，需要安装中文输入法。

思考：生活中什么时候需要输入密码？

12. 功能　　　gōngnéng　　　（名词）　　　function

简单来说："功能"就是作用，就是能用来做什么。

例句：（1）你知道怎么使用"查找我的手机"功能吗？如果手机丢了，这个功能也许可以帮你找回手机。
　　　（2）现在的手机功能太强大了，聊天儿、上网、购物、拍照、学习、付款，什么都行。

思考：你最常用到手机中的哪些功能？

13. 报价　　bàojià　　（名词/动词）　　quoted price; to quote (a price)

简单来说："报价"做名词的意思是卖方提出的价格，做动词的意思是卖方提出商品价格。

如：报价高/低、报价单。

例句：（1）这是春节期间的豆油报价单，您看一下。

（2）这两种惠普打印机报价比京东网上商城还低，我觉得可以买。

思考：生活中什么时候需要卖方先报价？装修房子？修车？

14. 性价比　　xìngjiàbǐ　　（名词）　　cost-performance ratio

简单来说："性"就是商品的质量、功能、性能、服务等，"价"就是价格，"比"就是比值。性价比高就是用较少的钱买到了质量、性能、服务等较好的商品。

例句：这个包质量好又实用，关键是还不贵，在同系列产品中是性价比最高的。

思考：买东西时你看重性价比吗？

15. 款　　kuǎn　　（量词/名词）　　used to indicate a kind/type; style

简单来说："款"做量词指款式的种类，做名词指款式、样式。如：经典款、新款、流行款、两款风衣。

例句：（1）新款车上市以后，老款就会打折出售。

（2）我买的这块手表是经典款，性价比最高。

第4课　这是我们公司的产品体验区

思考：买衣服时你会选择经典款还是流行款？为什么？

16. 受潮　　shòucháo　　（动词）　　to be affected with damp

简单来说："受潮"就是长时间在潮湿的环境里，东西变得潮湿。

例句：南方天气潮湿，墙面容易受潮，你得换一种防潮墙纸。

思考：你住在什么地区？气候怎么样？家里的东西容易受潮吗？

17. 指纹　　zhǐwén　　（名词）　　fingerprint

简单来说："指纹"就是  。每个人的指纹都是不一样的，所以指纹能作为身份的证明。

例句：这款手机优化了指纹识别性能，手指头出汗时也能用指纹解锁。

思考：你知道指纹锁是什么意思吗？

39

18. 解锁   jiěsuǒ   （动词）   to unlock

简单来说： "解锁"就是解开锁着的东西。

例句：（1）想要解锁他的手机可不容易，我试了好多次都失败了。

（2）A：我的手机突然不能用指纹解锁了，怎么办？

　　　B：重新开机试试。

思考： 你的手机有哪些解锁方式？

19. 销量   xiāoliàng   （名词）   sales volume

简单来说： "销量"就是销售数量、卖出去的数量。

例句： 2020年12月，日产轩逸共卖出汽车62 339辆，成为12月轿车销量排行榜的第一名。

2020年12月轿车销量排行榜

排名	车型	所属厂商	12月销量	1～12月累计
1	日产轩逸	东风日产	62 339	538 680
2	别克英朗	上汽通用别克	42 233	295 857
3	大众朗逸	上汽大众	36 369	417 332
4	丰田卡罗拉	一汽丰田	32 324	343 418
5	五菱宏光 MINI EV	上汽通用五菱	32 097	119 255
6	大众宝来	一汽-大众	30 654	326 341
7	大众速腾	一汽-大众	27 295	299 839
8	特斯拉 Model 3	特斯拉中国	23 804	135 449
9	本田思域	东风本田	23 329	245 126
10	吉利帝豪	吉利汽车	21 841	223 369

思考：哪些办法能提高产品销量？

| 20. 开拓 | kāituò | （动词） | to open up (a market) |

简单来说："开拓"就是从小到大地发展、扩大。如：开拓市场。

例句：2023年，我们打算以成都为中心，向全国开拓新市场。

思考：公司里，开拓市场一般是哪个部门的工作？

 常用表达

1 截至去年底，市场份额已经排名第一了。

By the end of last year, our market share had ranked first.

如果想说明某件事情在某个时间之前的情况，可以用"截至＋时间词"。

例：领导让你统计2022年智能手表的销量及排名，并在会议上进行汇报，你可以说："截至2022年12月底，我们公司智能手表的销量为9850万个，在智能手表全球销量排行榜中排名第三。"

2 你们确实做到了以用户为中心。

You've really been user-centered.

"以用户为中心"是指完全根据用户的需求来研发产品、提供服务。努力满足用户的需求是很多企业的经营理念。

"你们确实做到了以用户为中心"是对对方的一种肯定。

3 您可以亲自体验一下。

You can experience it yourself.

在向消费者介绍产品时，可以让他们自己试一试、用一用、体验一下，这样消费者能更了解产品，也更有可能购买。

4 哪里有讯达手机，哪里就有我们的售后服务中心。

Where there is a Xunda mobile phone, there is our after-sales service center.

如果想表达两项事物总是同时出现，有 A 的地方就一定会有 B，可以用"哪里有 A，哪里就有 B"。

例：（1）火车站、地铁站、十字路口常常有很多志愿者在工作，哪个地方需要他们，他们就去哪里。可以这样说："哪里有需要，哪里就有志愿者。"

（2）军人总是在有困难、有危险的地方工作，我们可以这样说："哪里有困难／危险，哪里就有军人。"

（3）现代市场经济环境下，只要有需求，就会有人提供产品和服务，就会有人去做生意，我们可以这样说："哪里有需求，哪里就有服务／生意／市场。"

5 售后服务一定要做好，否则会严重影响销量的。

After-sales service must be done well, otherwise it will seriously affect sales.

前面的内容很重要，如果不按照前面所说的做就可能出现后面的结果，这时可以用"否则"。

例：新员工上班不积极，经常迟到早退，来得晚走得早，你想提醒他，可以说："你不能再迟到早退了，否则你这个月的奖金就没有了。"

 四 测试题

一、朗读课文，注意语音语调。

二、判断题。

1. 截至去年 6 月底，讯达手机在非洲的市场份额排名第一。　　　　（　　）

第4课　这是我们公司的产品体验区

2. 迅达手机的研发基本上做到了以用户为中心。　　　　　　　（　　）
3. 非洲人口多，讯达公司就研发出了能放四张 SIM 卡的手机。　（　　）
4. 讯达手机只靠超长待机就迅速打开了非洲市场。　　　　　　（　　）
5. 讯达手机的性价比很高，很可能会在马达加斯加大卖。　　　（　　）
6. 如果手指出汗，迅达手机就不能指纹解锁了。　　　　　　　（　　）
7. 有讯达手机的地方就一定会有讯达公司的售后服务中心。　　（　　）
8. 肯尼亚、坦桑尼亚都是讯达公司下一步要开拓的重要市场。　（　　）

三、单选题。

1. 昨天下雨我没打伞，在路上接了几个电话，手机（　　）了，怎么办呢？

　　A 潮气　　　　　B 受湿　　　　　C 受潮　　　　　D 受气

2. 要想提高销量，首先要明确目标，然后找到合适的人（　　）团队，制订详细的销售计划，再一步一步去完成。

　　A 分组　　　　　B 组建　　　　　C 组织　　　　　D 组合

3. 在世界上的任何地方，都能找到浙江商人，浙商能把生意做到全世界。怪不得有人说"哪里有市场，（　　）就有浙商"，浙商的市场开拓能力实在是太强了。

　　A 任何　　　　　B 谁　　　　　　C 什么　　　　　D 哪里

4. 只有坚持"以用户为中心"的理念，为消费者提供最优质的服务，才能成功（　　）新市场。

　　A 开展　　　　　B 开拓　　　　　C 开始　　　　　D 寻找

5. 我们公司特别注重对产品的创新研发，（　　）不可能做到全国第一，早就被市场淘汰了。

　　A 因为　　　　　B 如果　　　　　C 即使　　　　　D 否则

6. 印度是世界第二大手机消费国。根据统计，印度每年消费的手机在 3.2 亿部左右。在印度消费的手机中，中国手机约占 75% 的（　　），韩国手机约占 21%。

　　A 份数　　　　　B 数量　　　　　C 份额　　　　　D 重量

7. 下班时我一般让电脑进入（　　）状态，这样第二天上班时就能接着修改文件，不耽误时间。

   A 待机　　　　B 关机　　　　C 重启　　　　D 注销

8. 如果你整天加班还经常完不成工作的话就应该（　　）一下工作流程了。首先要把工作按照是否重要、是否紧急分成四类，然后决定先做哪个、什么时候完成。

   A 优秀　　　　B 优势　　　　C 优点　　　　D 优化

四、将下列词语填入合适的位置。

报价单　　系列　　体验　　款　　性价比　　功能

华为 Mate 60（　　）手机共有三种型号，分别是 Mate 60、Mate 60 Pro、Mate 60 Pro+。这几（　　）手机都具有人脸识别、指纹解锁、高清拍照、卫星通信的（　　），您可以亲自（　　）一下。这是（　　）。目前来看，Mate 60 Pro 最受欢迎，因为它（　　）最高。

课前准备

下面有三个问题，请你想一想、查一查，上课时和大家分享。

1. 在你们国家，哪些品牌的手机卖得比较好？有没有中国品牌？
2. 这些品牌受欢迎的原因是什么？它们满足了用户的哪些需求？
3. 如果换手机，你想买哪个品牌的？根据查找的信息，说说你选择这款手机的三个理由。

第5课 这家工厂的规模可真不小

学习目标

1. 能引导客户参观工厂，得体问答。
2. 能询问生产情况、质量控制等内容。
3. 能介绍工厂规模、技术设备、生产能力、产品质量等。

生词

1. 基地　jīdì　（名词）　base

简单来说："基地"就是作为某种事业基础的地区或专门开展某种活动的专用场所或机构。

如：工业基地、农业基地、花卉基地、智能制造生产基地。

例句：2017年初，娃哈哈集团对杭州下沙第二生产基地的一条生产线进行了升级，打造了中国第一条数字化与智能化饮料生产线。

思考：你们国家有哪些有名的工业生产基地或农业生产基地？

2. 验证　　yànzhèng　　（动词）　　to verify

简单来说："验证"就是检验证实。

例句：用户注册时，网站会通过手机短信发送验证码，输入验证码后，才能完成用户的身份验证。

思考：哪些场合需要进行身份验证？

3. 无尘车间　　wúchén chējiān　　dust-free workshop

简单来说："无尘车间"也叫洁净厂房、洁净室、无尘室，是对生产环境要求较高的标准化生产空间，广泛应用于电子、食品、制药等行业。

例句：参观无尘车间时，必须穿工作服，戴工作帽，防止毛发、灰尘等污染车间。

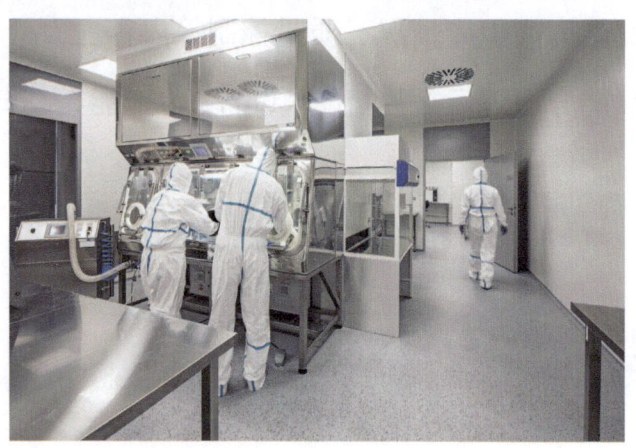

思考：你见过无尘车间吗？它们是生产什么产品的？

4. 防尘　　fángchén　　（动词）　　to be dust-proof

简单来说："防尘"就是防止灰尘污染。

例句：（1）进入工作间前请穿好防尘服，戴好防尘帽和防尘口罩。
　　　（2）这种键盘保护膜可以防水、防尘。

思考：你知道哪些有效的防尘方法？

第5课　这家工厂的规模可真不小

5. 配合　　pèihé　　（动词）　　to cooperate

简单来说："配合"就是各方面分工合作来完成共同的任务。

例句：这个项目能顺利完成，要特别感谢设计部、生产部和市场部的支持与配合，谢谢各位同事。

思考：你的学习或工作需要其他人配合你完成吗？

6. 检测　　jiǎncè　　（动词）　　to test

简单来说："检测"就是检查测试、检验测定。

例句：（1）DNA检测结果显示，他们的确是父子关系。

（2）这个软件是专门检测电脑病毒的，你可以下载一个试试。

思考：你做过哪些检测？检测的目的是什么？

7. 仓储　　cāngchǔ　　（动词）　　to store

简单来说："仓储"就是用仓库储存产品、商品等。

例句：京东投入大量资金在全国各地自建仓储物流，消费者能在最短时间内收到货物，甚至可以当天下单，当天收货。

思考：你去过仓储区吗？在哪里？大不大？储存的是什么？

8. 特地　　tèdì　　（副词）　　specially

简单来说："特地"就是专门为了某件事、某个人。

例句： 为了促成这次商务合作，董事长特地从三亚飞到哈尔滨，亲自主持这场见面会。

思考： 你会特地去"网红餐厅"吃饭或去"网红景点"打卡吗？

9. 占地　　zhàndì　　（动词）　　to cover an area of

简单来说："占地"就是占用或使用土地（面积）。

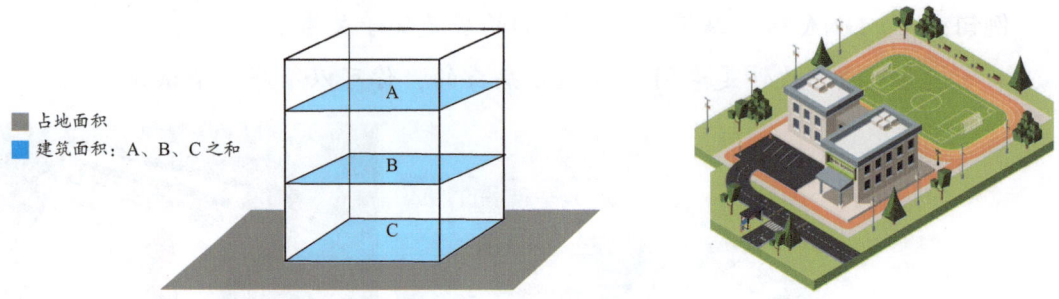

例句： 中国国家体育场（鸟巢）建筑面积25.8万平方米，占地20.4公顷。

1 公顷 =10 000 平方米

思考： 你们公司/学校大吗？占地面积有多少公顷？

10. 自动化　　zìdònghuà　　（动词）　　to automate

简单来说："自动化"就是机器设备在没有人或较少人直接参与的情况下自动地完成某种任务过程。

例句： 这个车间只有8名工人，是因为全部生产过程都实现了自动化，工人只要按一下开关，机器就开始干活儿了。

思考： 你们国家哪些行业的生产自动化程度比较高？

11. 生产线　　shēngchǎnxiàn　　（名词）　　production line

简单来说："生产线"就是企业中为生产某种产品而设计的从材料投入到产品制成的工序，也指完成这些工序的整套设备。

例句：这条全自动化生产线能节省人工20名，还能提高产品质量的稳定性。总体来看，生产效率提高了3～5倍。

思考：自动化生产线和非自动化生产线有哪些区别？

12. 物流　　wùliú　　（名词）　　logistics

简单来说："物流"就是产品从发出、运送到接收的整个过程。如：物流业、物流中心、物流机器人。

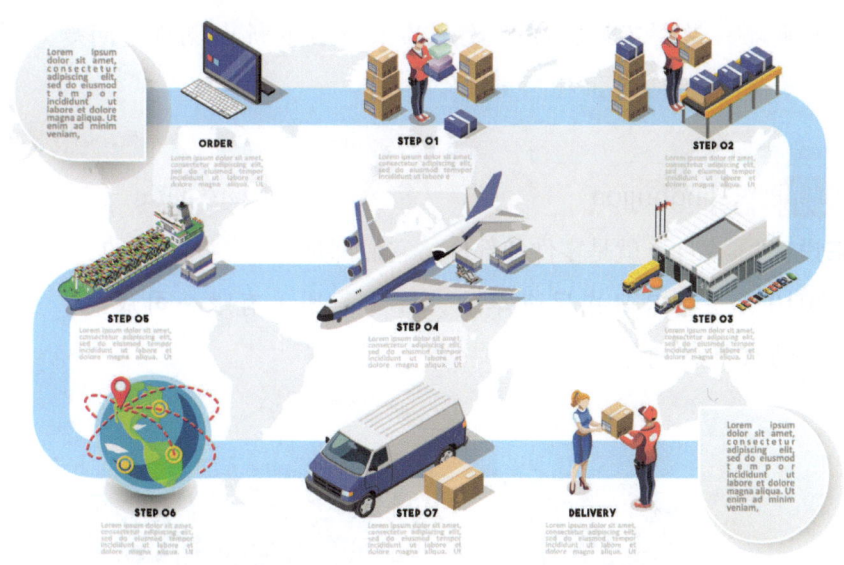

例句：（1）现在物流企业的自动化程度越来越高，京东物流已经开始使用机器人送货了。

（2）客户只要输入订单号，就可以根据实时更新的物流信息看到商品的具体位置。

思考：你们国家有哪些常见的物流公司？你最喜欢用哪家？为什么？

13. 成本　　chéngběn　　（名词）　　cost

简单来说："成本"就是为了实现某一个目标而付出的全部费用。如：生产成本、人工成本、降低成本、节省成本。

例句：这些新技术和新设备能让每件产品的生产成本从350元降到260元，一年就能节省成本900万。

思考：对于一家生产型企业来说，可能会产生哪些成本？

14. 季度　　jìdù　　（名词）　　quarter

简单来说：1月到3月是第一季度，4月到6月是第二季度，7月到9月是第三季度，10月到12月是第四季度。

例句：2022年前三个季度，公司营业收入共计39亿元。

思考：在你们国家，第三季度是哪些行业的旺季？

15. 品控　　pǐnkòng　　（名词）　　quality control

简单来说："品控"就是对产品的质量控制，包括原料、生产、检测、仓储、售后等全过程的质量控制。

例句：前期品控做得不好，会导致产品上市后不断出现质量问题。

思考：你知道品控员吗？品控员是做什么的？

16. 零部件　　língbùjiàn　　（名词）　　spare parts

简单来说："零部件"就是零件和部件，它们都是组成整个机器的一部分。

例句：2010年2月8日东风汽车零部件（集团）有限公司成立，主要生产汽车车轮、发动机、风扇等。

思考：电脑由哪些零部件组成？

第5课　这家工厂的规模可真不小

17. 成品　　chéngpǐn　　（名词）　　finished product

简单来说："成品"就是加工完成的、可以出售的产品。

例句：从原料到成品，每一个步骤都由品控部门严格检查，保证产品质量。

思考：装修房屋时，你会买成品门还是定制门？衣柜呢？

18. 信誉　　xìnyù　　（名词）　　reputation

简单来说："信誉"就是信用和名誉，能说明商家或消费者在社会上被信任的程度。

例句：（1）网购时，卖家和买家都要重视信誉，卖家不能随便不发货，买家也不能随便给差评。

（2）"讲信用""守信誉""讲诚信"其实是差不多的意思，都是告诉大家信用的重要性，因为现代市场经济是建立在信用基础上的。

思考：怎样提高企业的信誉？

19. 实力　　shílì　　（名词）　　strength

简单来说："实力"就是实在的力量。如：军事实力、经济实力。

例句：京东方位列福布斯2022年全球企业2000强第307位，企业综合实力持续上升。

264	291	贵州茅台	中国内地
222	291	小米集团	中国内地
305	293	宁波银行	中国内地
739	296	宁德时代	中国内地
697	307	京东方	中国内地
398	324	紫金矿业	中国内地
263	334	华夏银行	中国内地
265	344	中信证券	中国内地
285	353	北京银行	中国内地
360	354	江苏银行	中国内地
252	356	格力电器	中国内地
276	366	中国联通	中国香港

思考：生产型企业的实力主要体现在哪些方面？

 **常用表达**

1 感谢您的理解与配合。

Thank you for your understanding and cooperation.

在工作中的一些正式场合，当要求得到了对方（一般是你的客户或合作伙伴）的配合，或者希望自己的要求得到对方的配合时，可以用这句话表示感谢。

例：我们公司的产品推介会马上开始，请您将手机调到静音或振动模式，感谢您的理解与配合。

2 如果有问题，可以随时问我。

If you have any questions, please feel free to ask me.

在讲解某个内容时，说话人可以告诉听话人，如果听不懂或者有疑问，可以随时提问。

3 但二位是远道而来，所以赵经理特地抽出一小时，亲自为二位讲解。

But you came from afar, so Manager Zhao specially took an hour to explain to you personally.

"远道而来"是客人从很远的地方来到这里的意思，常用来强调重视和欢迎。

例：总公司领导从国外来到你们公司考察工作，在给大家介绍时，为表示对领导的尊重与欢迎，你可以说："我给大家介绍一下，这是总公司的王总，感谢王总远道而来，专程指导我们工作，大家欢迎。"

第5课　这家工厂的规模可真不小

4 毕竟，消费者最看重的还是产品质量。

After all, what consumers care about most is product quality.

"毕竟+原因/事实"常常用来解释和说明最重要、最根本的原因或事实。

例：你们公司规模很小，现在有机会与世界500强企业合作，有些同事认为太难，想放弃，但你认为应该试一试，你可以说："我认为我们应该试一试，毕竟机会难得，只要有1%的希望，我们就该努力争取。"

5 从零部件到成品，我们一直都按照国际最高标准检测。

From parts to finished products, we have been testing in accordance with the highest international standards.

"从……到……，……都……"表示在一个范围内都是这样。

例：你带领客户参观公司，在一楼的照片墙前，客户询问谁的照片可以出现在照片墙上，你可以说："从清洁工到董事长，只要对公司发展做出过重要贡献，照片都可以贴在墙上。"

 四　测试题

一、朗读课文，注意语音语调。

二、判断题。

1. 智能机器人带领Jason他们参观了工厂。　　　　　　　　　　（　　）
2. Jason他们只参观检测区和仓储区。　　　　　　　　　　　　（　　）
3. 赵志刚经常为来访者讲解。　　　　　　　　　　　　　　　　（　　）
4. 工厂里的设备比传统设备生产速度快。　　　　　　　　　　　（　　）

5. 搬运工作由工人驾驶货车完成。（　　）

6. 这个工厂的智能手机全年产量已经达到了 2000 万台。（　　）

三、单选题。

1. 进入图书馆时，学生必须使用校园卡进行身份（　　）。
   A 认可　　　B 配合　　　C 验证　　　D 证明

2. 高效率的工作离不开团队成员之间的（　　）与信任。
   A 适合　　　B 配合　　　C 融合　　　D 品控

3. 为了让老百姓更好地监督政府工作，提高政府的办事效率，市政府和电视台（　　）创办了《我和市长对话》栏目。
   A 特长　　　B 特地　　　C 特殊　　　D 特色

4. 一家企业如果不讲（　　），是不可能发展壮大的。
   A 信誉　　　B 名誉　　　C 名声　　　D 信任

5. 我（　　）不是学法律的，有些细节问题我把握不准，咱们还是找一位专业律师咨询一下吧，您看怎么样？
   A 竟然　　　B 终于　　　C 毕竟　　　D 总算

6. 企业的经营管理离不开两件事：一是提高营业额；二是降低（　　）。
   A 仓储　　　B 成本　　　C 产量　　　D 物流

7. （　　）是指机器设备、生产管理过程在没有人或较少人的直接参与下，按照要求，经过自动检测、信息处理、分析判断、操纵控制实现预期目标的过程。
   A 自动化　　B 精确度　　C 现代化　　D 智能化

四、请根据课文内容填空。

1. 为了保持（　　）车间的清洁，Jason 他们需要穿好防尘服。

2. 今天客户主要参观的是生产区、检测区和（　　）区。

3. 客户远道而来，所以赵经理（　　）抽出一小时为他们讲解。

第5课　这家工厂的规模可真不小

4. 工厂的生产已经实现了全（　　）。

5. 两个工人负责一条（　　）。

6.（　　）机器人和无人驾驶货车能完成生产线之间的搬运工作。

7.（　　）直接决定品牌信誉。

课前准备

请你调查一家工厂的基本情况，参考以下问题向大家介绍这家工厂。

1. 这是一家什么工厂？这家工厂在哪里？面积有多大？

2. 这家工厂的车间是什么样子的？车间的自动化程度怎么样？

第6课 我接受这个报价

 **学习目标**

1. 能进行基本的涉中贸易谈判。
2. 能理解中文合同中的基本条款。
3. 能询问并确认合同中的关键信息。

 **生词**

1. 高峰期　gāofēngqī　（名词）　peak period

简单来说："高峰"是指高的山峰，也比喻事物发展的最高点，"期"指的是一段时间。"高峰期"是指某件事的发展达到最高状态的那段时间，比如"交通高峰期"是指车流量达到最高的时间段。

例句：（1）早上 6:30—8:30、晚上 5:30—7:30 是上下班的交通高峰期，这段时间路上车特别多。

（2）一般来说，新款手机上市后的几个月内是销售高峰期，这段时间新品卖得又快又多，过了高峰期以后，商家通常会降价出售。

思考：请结合"高峰期"的意思，说说什么是"低谷期"。

2. 滞销　　zhìxiāo　　（动词）　　to be dull of sale

简单来说："滞销"就是（货物）不易售出。

例句：今年的大白菜产量高，但市场需求没增长，很多农民的大白菜都没卖出去，滞销了。

思考：你见过产品滞销的情况吗？当时是什么情况？是什么原因导致滞销的？

3. 风险　　fēngxiǎn　　（名词）　　risk

简单来说："险"是危险，"风险"就是可能发生的危险。如：风险大、风险小、高风险、低风险。

例句：目前市场很不稳定，开公司风险比较大，咱们还是先找个公司去上班吧。

思考：我们常说"投资有风险"，那么怎样才能降低投资的风险呢？

4. 一步到位　　yíbù-dàowèi　　（成语）　　to settle a matter at one go

简单来说："到位"就是达到那个位置、达到目标。"一步到位"就是一次就达到预定的目标。

例句：刚工作的年轻人存款不多，没法儿一步到位买上大房子，可以先买个离公司近的小房子，以后收入增加了再换。

思考： 销售人员在报价时，有一种方式叫"一步到位法"，请你查一下是什么意思。

5. 资金　　zījīn　　（名词）　　capital, fund

简单来说："资金"一般指用来做生意、开工厂的本钱。

例句： 这个项目需要的人员都找来了，只要资金一步到位，马上就可以开始做。

思考： 如果你有一笔1000万元的资金，你想用来做什么？

6. 回笼　　huílóng　　（动词）　　to withdraw from circulation, to return

简单来说："回笼"是指在社会上流通的货币回到发行的银行，如"货币回笼"，本课指的是企业在经营过程中把投入的资金收回来，把做生意投入的钱赚回来。

例句： 把这些产品卖出去以后资金至少能回笼1200万，这样公司才能有足够的钱开展下一个项目。

思考： 据你观察，哪些行业资金回笼比较快？哪些行业比较慢？

7. 双赢　　shuāngyíng　　（动词）　　win-win

简单来说："双赢"就是双方都能获得利益、取得成功。比如我和你做生意，我们俩都赚到了钱，就是"双赢"。如果是多方合作共同获得好处，可以说"多赢、共赢"。

例句： 我们公司做生意讲究"双赢"，这样才能吸引更多企业与我们合作，才能把买卖做大做好。

第6课　我接受这个报价

思考：请你上网找一个双赢或多赢的例子（经济贸易领域）。

8. 惯例　guànlì　（名词）　usual practice, convention

简单来说："惯例"就是习惯的做法、常用的方法。

例句：（1）按照惯例，新员工入职时，公司都会让老员工帮带新人。
　　　（2）根据国际惯例，银行在法定节假日一般是不营业的。

思考：上网查一查，国际贸易领域有哪些国际惯例。

9. 即期信用证　jíqī xìnyòngzhèng　sight letter of credit

简单来说："即期"就是立即、近期、短时间内，"信用证"就是银行开立的、保证买方会给卖方付款的证明。"即期信用证"就是银行收到符合信用证条款的相关单据后，立即（一般在五个工作日内）向卖方付款的信用证。

例句：不少国际贸易公司初次合作都会使用即期信用证的付款方式，这样能够降低买卖双方的风险。

思考：你能猜出"远期信用证"是什么意思吗？

10. 开立　kāilì　（动词）　to open (an account or a letter of credit)

简单来说："开立"就是开（账户、银行卡或信用证）。银行根据买方的请求和资金状况开出信用证交给卖方叫"开立信用证"。

例句：您放心，我们拿到银行开立的信用证就马上准备发货。

思考：在你们国家，开立个人银行账户需要什么材料？

11. 索赔　suǒpéi　（动词）　to claim for compensation

简单来说："索"就是"要"，"赔"就是"赔偿"，"索赔"就是向对方要赔偿。

例句：李雷的手机在充电时爆炸了，他因此受了伤，他打算向手机厂家索赔20万。

思考：请你上网查一查，在国际贸易中发生哪些情况可以索赔。

12. 谈判　tánpàn　（动词）　to negotiate

简单来说："谈判"就是双方或多方一起商量、讨论某些需要解决的、比较重大的事情。

例句：经过八年的谈判，这15个国家终于签订了《区域全面经济伙伴关系协定》（RCEP）。

思考：商业谈判中，一般会谈到哪些方面的问题？

13. 拟订　　nǐdìng　　（动词）　　to draw up (a plan, a contract or a standard)

简单来说："拟订"就是在内容正式确定之前先做一个基本的或大概的计划、合同、标准等。

例句：按照年初拟订的计划，三星公司将在非洲投入10亿美元开设工厂。

思考：你按照公司要求拟订了一份商品采购清单，交给上级审核时，可以怎么说？

14. 核对　　héduì　　（动词）　　to check

简单来说："核对"就是审核查对，看看有没有问题。

例句：我再核对一遍产品信息，如果没什么问题就签字。

思考：我们在工作或生活中什么情况下需要核对信息或内容？需要核对哪些信息或内容？

15. 条款　　tiáokuǎn　　（名词）　　clause

简单来说："条款"就是法律、合同等文件中一条一条的内容。

例句：商务合同中的基本条款包括付款方式、合同金额、交货方式、索赔条件等。

思考：租房合同中一般有哪些条款？

16. 型号　　xínghào　　（名词）　　model

简单来说："型号"指工业产品的性能、规格和大小等。

例句：手机型号不同，CPU、内存和屏幕大小也不同，顾客可以根据自己的喜好选择。

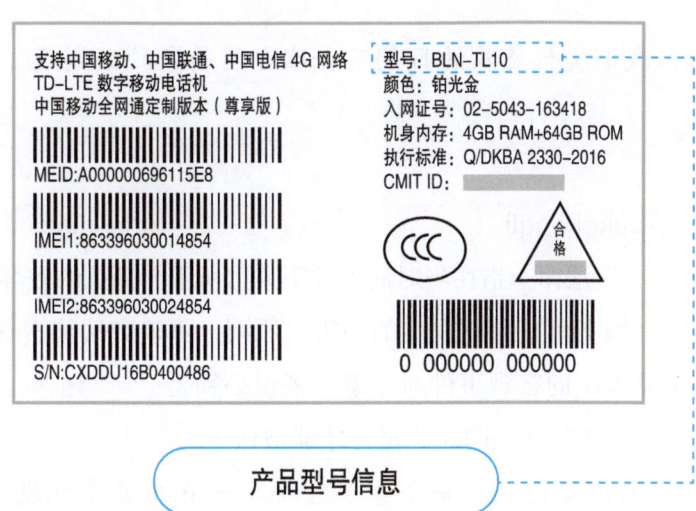

产品型号信息

思考：产品的型号在哪里能看到？包装盒上还是产品背面？

17. 交货期　　jiāohuòqī　　（名词）　　date of delivery

简单来说："交货期"就是从合同签订日到交货日之间的一段时间，偶尔也指交货的最后日期，要联系上下文来确定意思。

例句：最近订单太多，我们的交货期从一个月延长到三个半月了，请耐心等待。

思考：当买家询问能否按时交货时，你可以怎么回复？

18. 交付　　jiāofù　　（动词）　　to deliver

简单来说："交付"就是交给。如：交付货物、交付新房。

例句： 请您放心，我们交付货物的日期不会比合同约定的日期晚。

思考： 如果不能按时交付货物会造成哪些后果？

19. 不可抗力　bùkěkànglì　（名词）　force majeure

简单来说： "不可抗力"法律上指在当时的条件下人力所不能抵抗的破坏力，如地震、洪水、战争等。因不可抗力而发生的损害，原则上不追究法律责任。实际应用中的判断标准是发生的客观事件对当事人来说必须是"不能预见、不能避免、不能克服"的，这3条必须同时满足，才能被认定为不可抗力。

例句： 这次航班晚点，与天气、安全等不可抗力一点儿关系也没有，完全是航空公司自身原因造成的，航空公司必须对旅客做出解释并赔偿。

思考： 你知道哪些不可抗力因素？

20. 免责　miǎnzé　（动词）　to be exempted from liability

简单来说： "免"是去掉、除掉，"责"是责任，"免责"就是免除责任、不用负责。如：免责条款、免责声明。

例句： 如果因不可抗力造成货物丢失，货运公司可以免责。

思考： 你在哪里见过免责条款？大概内容是什么？

21. 异议　yìyì　（名词）　objection, dissent

简单来说： "异议"就是不同的意见。

例句： 如果大家对拟订的销售计划没有异议，那么我们就必须按照计划完成销售任务。

思考： 在公司的新产品上市方案讨论会中，你做总结发言时可以怎么说？

22. 口岸　　kǒu'àn　　（名词）　　port

简单来说:"口岸"就是供人员、货物和交通工具出入国境的港口、机场、车站、通道等。

如:通商口岸、口岸城市。

例句:距离塔城市区仅12公里的巴克图口岸,有着260多年的通商历史。

思考:你们国家有哪些口岸?一般是在海边、河边还是内陆?

 常用表达

1 我就开门见山了。

I'll come straight to the point.

"开门见山"就是直接说要谈的事情,不说多余的客气话,可以在"我就开门见山了"后边接着说重要内容。

例:(1)谈生意时,你觉得对方的报价有点儿高,你想直接表明这一点,可以说:"王先生,我就开门见山了,您这个报价有点儿高,我们不能接受。"

(2)今天咱们都开门见山,谈谈各部门存在的问题,说说打算怎么改进。

2 王总，说实话，这款手机不属于新款，已经过了销售高峰期，不抓紧时间卖出去的话存在滞销风险。

Mr. Wang, to tell the truth, this mobile phone is not a new model and has passed its peak sales period. If you don't hurry up, it may be unmarketable.

当说话人想要表达自己内心真实的、不轻易说出的想法时，常常用"说实话"来开头，类似的还有"说真话""说实在的""说老实话"等。

例：你们公司的老客户要紧急订购一批零部件，但你觉得时间太短，数量上可能无法满足对方的要求，你可以说："说实话，要是别人，我就直接说不可能了，但咱们合作这么多年了，这样吧，我问问领导，一个小时后给您答复。"

3 Jason 先生，我不得不说，您这助理太厉害了！

Mr. Jason, I have to say that you have an amazing assistant!

"不得不说"就是必须得说，不说不行，常用于想突出某个事实或者特点时。

例：对方公司的产品设计和质量都不错，就是报价过高，你突出这一点，希望对方能降低报价，你可以说："刘总，我不得不说，您这个报价实在是太高了，我们不能接受。"

4 万事开头难嘛。

The first step is the hardest.

很多事情刚开始的时候都会遇到一些困难，常常用这句俗话来说明这种情况。有时也说"俗话说，万事开头难""常言道，万事开头难"。

例：（1）万事只是开头难，只要有了开始，一点一滴慢慢做总会有收获。

（2）常言道，万事开头难，不过在我看来，想学好一项新技能，只要做好初期的调查研究，按照计划一步一步地学习，入门并不难。

第6课　我接受这个报价

> **5** 我们的交付日期不会迟于合同约定的日期。
>
> Our delivery date will not be later than the date agreed in the contract.
>
> "不会迟于"也可以说"不会晚于",意思是"不会比……晚"。其他还有"不会早于、不会高于、不会低于、不会短于、不会弱于"等。
>
> **例**:在交流会上,有同行询问你们公司上市时间的问题,你可以说:"我们公司正在进行各种准备工作,上市时间应该不会迟于明年一月份。"

四　测试题

一、朗读课文,注意语音语调。

二、判断题。

1. 王总一开始给出的报价是 125 美元。　　　　　　　　　　　(　　)
2. 现在这款 S10 智能手机已经滞销了。　　　　　　　　　　(　　)
3. 开立即期信用证比较麻烦,但能降低风险。　　　　　　　　(　　)
4. 这份智能手机的订货合同中没有保险条款。　　　　　　　　(　　)
5. 遇到不可抗力导致不能按时交货,卖方不需担责。　　　　　(　　)
6. 买方可在货物到达公司后 30 天内提出质量异议。　　　　　(　　)
7. 这批货能在三个月内按时交货,除非遇到不可抗力。　　　　(　　)

三、单选题。

1. 刘先生,咱们合作这么多年了,你就(　　　),直说吧。
   A 各抒己见　　　B 开门见山　　　C 接风洗尘　　　D 不得不说

2. 这个型号的面包机一个月都没卖出去一台，显然已经（　　）了。
   A 风险　　　　B 销售　　　　C 结算　　　　D 滞销

3. 按照（　　），银行开立信用证所产生的费用由申请人支付。
   A 惯例　　　　B 例子　　　　C 异议　　　　D 举例

4. 只要投资就会有（　　），关键是怎么把它降到最低。
   A 报价　　　　B 风险　　　　C 危险　　　　D 疏忽

5. 这批货物因为质量不合格，不能按合同约定日期（　　）使用，买方提出了索赔。
   A 交给　　　　B 付款　　　　C 核对　　　　D 交付

6. 这款汽车虽然是世界名牌，但 XT5 系列的（　　）并不高，很适合城市中产家庭使用。
   A 型号　　　　B 报价　　　　C 份额　　　　D 资金

7. 受某些因素影响，这款打印机转为国内销售，但售价（　　）出口售价。
   A 不会迟于　　B 不会早于　　C 不会短于　　D 不会高于

8. 近年来，中非经贸合作互利（　　），前景美好。
   A 齐名　　　　B 谈判　　　　C 共赢　　　　D 输赢

四、请将下列词语填入合适的位置。

交货期　　条款　　信用证　　型号　　异议

购货合同是经买卖双方确认订立的书面证明。合同（　　）一般包括商品名称和（　　）、数量、单价、总金额、付款方式、（　　）、保险、包装、装运、质量异议、索赔等。如果是初次交易，一般会用（　　）的付款方式。质量（　　）买方应于货到目的口岸之日起30天内提出。若卖方货物存在质量问题，买方可向卖方申请赔偿，赔偿金额为存在质量问题的货物价格的3倍。

第6课　我接受这个报价

课前准备

下面有两个问题，请你想一想、查一查，上课时和大家分享。

1. 你认为签订合同前的谈判要涉及哪些内容？
2. 你知道信用证吗？它有什么用处？

第7课　我们的广告最好新旧结合

 **学习目标**

1. 能对产品推广方案发表自己的意见。
2. 能和他人讨论确定新产品的推广方式。
3. 能评价他人的观点并给出自己的看法。

 **生词**

1. 营销　　yíngxiāo　　（动词）　　(to do) marketing

简单来说："营销"就是经营销售。如：市场营销、网络营销。

例句：互联网营销的具体方式有很多，在企业的官方网站发广告，在百度、谷歌推广产品，在微信和微博推送产品信息，都属于互联网营销方式。

思考：你们国家有哪些常见的市场营销方式？

2. 模式　　móshì　　（名词）　　model, mode, pattern

简单来说："模式"就是某种事物的标准形式或使人可以照着做的标准样式。如：经营模式、商业模式。

例句：我们公司是"设计＋生产＋销售"的经营模式，有自己的研发团队、产品生产线和稳定的客户群。

思考：生产代工型的公司和"设计＋生产＋销售"型的公司经营模式有什么不同？

第7课　我们的广告最好新旧结合

3. 保守　　bǎoshǒu　　（形容词）　　conservative

简单来说："保守"就是保持现在的状态，不想改进，或跟不上形势的发展。如：保守的思想、保守的方式、保守治疗。

例句：（1）做手术风险太大，咱们还是保守治疗吧。

（2）现在已经是移动网络时代了，网站营销方式太保守，我们应该利用微信、微博、YouTube、Facebook来营销才能跟上时代。

思考：面对新事物，保守型的人一般会怎么做？开放型的人呢？

4. 媒体　　méitǐ　　（名词）　　media

简单来说："媒体"就是交流、传播信息的工具，如报刊、广播、电视、互联网等。"新媒体"指的是网络媒体、手机媒体等。"自媒体"指普通人通过网络等向外发布一些信息的传播方式或传播平台。

例句：现在已经进入自媒体时代，每个人都能通过微博、抖音（TikTok）等自媒体平台发出自己的声音，成为信息的传播者。

思考：你经常使用哪些新媒体或自媒体平台？

5. 劣势　　lièshì　　（名词）　　disadvantage, weakness

简单来说："劣"就是不好的、较差的，"劣"和"优"是反义词。"劣势"就是情况或条件比较差的形势，"劣势"和"优势"是反义词。

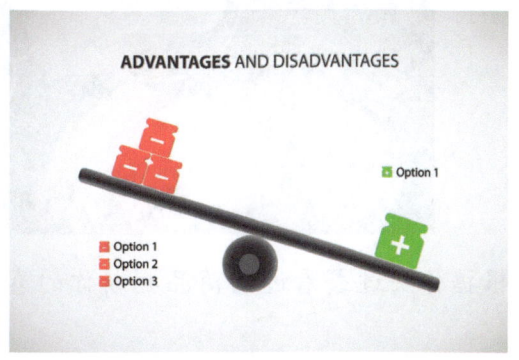

例句：与上网速度快、信息传送量大的5G网络相比，网速相对较慢、信息传送量相对较小的4G网络劣势明显。

思考：你认为自媒体相对传统媒体有什么优势和劣势？

6. 投放　tóufàng　（动词）　to put in (an advertisement, money, goods)

简单来说："投放"就是投入、放进，也指把人力、物力、资金等用于工农业或商业，还可以指工商企业向市场提供商品。

例句：（1）中国人民银行向市场投放了1.2万亿资金，希望能够增强市场信心。

（2）企业在进行海外推广时，除了要找准目标人群，还应注重海外广告的投放，这样才能将品牌有效推广出去。

思考：假如你们公司有一款老人电话手表需要打开市场，你会采取哪些方式进行广告投放？

7. 推送　tuīsòng　（动词）　to push (a message, an article, information)

简单来说："推送"就是网站或APP把你可能感兴趣的内容或信息主动发送给你。

例句：购物网站会根据你买过或看过的商品判断你的喜好，然后向你推送可能会感兴趣的商品。

第7课　我们的广告最好新旧结合

思考：网站或APP经常给你推送哪些内容？想一想它们为什么给你推送这些内容？

8. 精准　jīngzhǔn　（形容词）　accurate

简单来说："精准"就是非常准确。

例句：今日头条、抖音短视频等都可以利用大数据准确挑选用户，精准投放广告。

思考：如何做到针对用户群体精准投放广告？

9. 公信力　gōngxìnlì　（名词）　public credibility

简单来说："公信力"就是使公众信任的力量。如：提升公信力。

例句：公信力常常会影响到品牌销量，公信力差的品牌，销量一般也不会高。

思考：在你们国家，哪些媒体的公信力比较强？

10. 良莠不齐　liángyǒu-bùqí　（成语）　the good and the bad are mixed together

简单来说："良"指"好的"，"莠"指"坏的"。"良莠不齐"就是好的、坏的混在一起，不容易分清。

例句：二手交易平台上的商品良莠不齐，有时能买到性价比高的好东西，有时也会买到用一次就坏的东西。

思考：有些网购平台上的商品良莠不齐，你觉得怎么做才能避免买到质量差的东西？

11. 预算　yùsuàn　（名词）　budget

简单来说："预算"就是政府、企业、个人等对于未来一段时间内的收入和支出的计划。

例句：华为创始人在接受《华尔街日报》采访时表示，华为2020年计划将研发预算增加到200亿美元以上。

思考：你平时在大额消费前会做预算吗，比如买房、买车、装修等？

12. 占比　　zhànbǐ　　（名词）　　proportion

简单来说："占比"就是（数量）占总数的百分比。

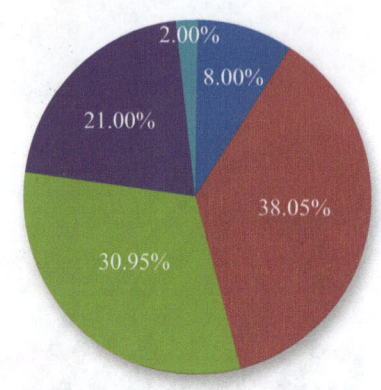

例句：（1）我们学校有近7万名学生，其中本科生42 268人，研究生26 818人，本科生占比61.18%，研究生占比38.82%。

（2）据专家估计，2020年中国国内生产总值（GDP）中农业占比将下降到8.25%。

思考：在你们国家，现金支付、信用卡支付、移动支付，哪种支付方式占比最高？

13. 逐年　　zhúnián　　（副词）　　year by year

简单来说："逐年"就是一年一年地。如：逐年提高、逐年增长、逐年下降。

例句：（1）近三年来，讯达公司具有研究生学历的员工占比逐年提高。

（2）近年来，随着新技术的应用，我国的粮食产量逐年增长，但仍需大量进口玉米、大豆等。

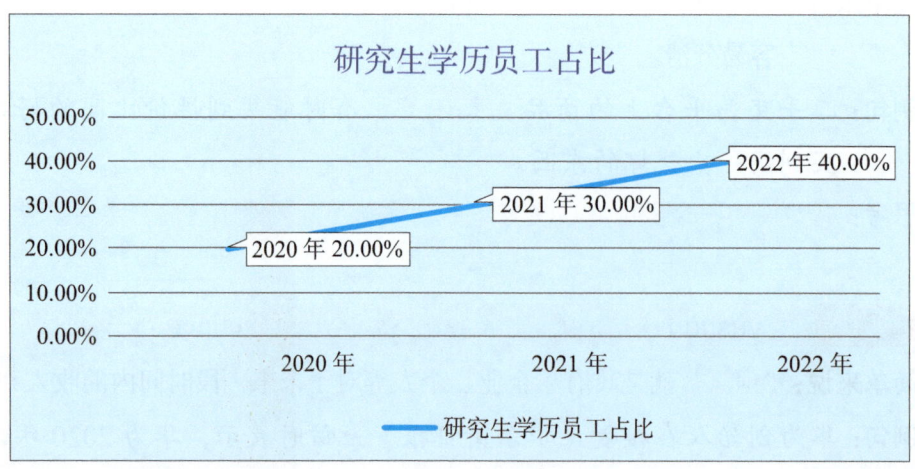

思考：近三年来，你们国家和中国的贸易额情况是怎样的？

第7课　我们的广告最好新旧结合

14. 转型　zhuǎnxíng　（动词）　to transform its development model

简单来说："转型"就是转换产品的型号或构造，也可以指社会经济结构、文化形态、价值观念等发生转变。如：产品转型、企业转型、数字化转型、转型升级。

例句：房产中介行业正在进行数字化转型，比如链家地产在线下开了8000多家门店，同时建设线上云数据系统，通过大数据分析，能快速预测和判断房屋买卖市场的走向。

思考：观察一下，你家附近的便利店在互联网时代是如何实现转型升级的？

15. 类型　lèixíng　（名词）　type

简单来说："类型"是具有共同性质、特点的事物所形成的种类。

例句：（1）根据运输货物的重量大小，货车可分为四种类型：微型车、轻型车、中型车和重型车。
　　　（2）国企和私企是不同的企业类型，国企是国家和政府投资的企业，私企是私人投资的企业。

思考：你们国家的银行分为几种类型？

16. 植入　zhírù　（动词）　to implant (a chip, an advertisement, etc.)

简单来说："植入"就是像植树那样把一个东西放进另一个东西里面。"植入广告"就是把广告放到影视剧、游戏、综艺中，让广告和故事情节自然结合。

例句：（1）中国企业伊利集团在好莱坞大片《变形金刚4》中植入了广告。
　　　（2）这个电视剧里有好几个广告植入，都是凯迪拉克品牌的汽车。

思考：你看电视剧的时候会注意植入的广告吗？植入广告和其他广告相比有什么优势？

17. 新兴　xīnxīng　（形容词）　newly developing, newly emerging

简单来说："新兴"就是最近出现的、刚刚发展起来的。如：新兴学科、新兴专业、新兴行业。

例句：（1）今年多所大学新增了人工智能专业，以满足国家发展人工智能这个新兴行业的人才需求。
　　　（2）近年来，新兴的共享经济模式快速发展，到处都能看到不同颜色的共享单车、共享汽车，还有共享雨伞、共享充电宝等。

思考：在你们国家，哪些行业属于新兴行业？

18. 热搜　　rèsōu　　（名词）　　trending topic

简单来说："热搜"就是热门搜索，指一段时间内搜索次数最多的一些话题内容。微博、今日头条等APP中都有热搜，这些话题是实时更新的。

例句：刚刚过去的2022年，人们最关心的就是经济，各大网站、APP里与经济相关的话题也经常上热搜。

思考：请分享一个最近媒体上的热搜事件。

19. 秒杀　　miǎoshā　　（动词）　　to seckill

简单来说："秒杀"指在极短的时间内就结束（多用于网购），也指在极短的时间内打败对手（多用于网络游戏）。如：被秒杀、秒杀价、1元秒杀。

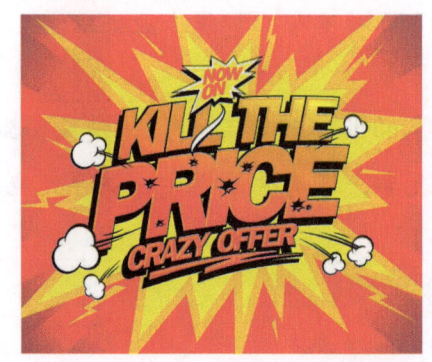

例句： 这是我在直播间秒杀的手表，原价1088元，秒杀价588元，不到1分钟就卖光了，怎么样，质量不错吧？

思考： 你在直播间秒杀过东西吗？说说你对直播购物的看法。

20. 可行性　　　kěxíngxìng　　　（名词）　　　feasibility

简单来说： "可行性"就是（方案、计划等）所具备的可以实行的性质或特性。如：有/没有可行性、可行性分析报告。

例句：（1）可行性分析是指从资金、技术、生产、环境、法律等各个方面进行具体的调查分析研究，然后确定项目是否可以实行。

（2）这个项目缺少资金，缺少厂房，请不到研发人员，只靠我们的热情是不行的，几乎没有可行性。

思考： 你认为在你们国家推广移动支付的可行性强吗？为什么？

 常用表达

1 那我先说说吧。

Let me say something first.

大家一起讨论时，如果你想第一个表达自己的意见，可以在表达意见前说"那我先说说吧""那我先说两句吧""那我先抛砖引玉"。

"抛砖引玉"是一种谦虚的说法，意思是我说的内容就像一块儿砖头，大家的发言内容就像一块儿玉，我说的没有太大价值，但希望能引导大家说出更有价值的内容来。

例：A：今天我们讨论一下新产品的定价问题，大家有什么想法都说一说。

B：那我先抛砖引玉，谈谈自己的看法。我认为这次定价应该以需求为导向。

2 现在是互联网时代，传统媒体的劣势越来越明显。反之，新媒体广告形式多样，互动性强，信息量大，投放更灵活，推送也更精准。

In the Internet era, the disadvantages of traditional media are more and more obvious. On the contrary, new media advertising has various forms, strong interaction, a large amount of information, more flexible delivery, and more accurate push.

"反之"一般用在前后两部分内容的中间，前后内容一般是相对的或相反的。

比如例句中前边说"传统媒体的劣势……"，后边说"新媒体广告的优势……"。有时也说"相反"。

例：可口可乐公司只生产饮料，该企业因为专注于自己的行业，成为百年名企。反之，一些企业什么行业都去尝试，却什么都没做好。这说明专注者更能得到市场的肯定。

3 新媒体的优势固然很多，但不可否认，传统媒体真实性更高，公信力更强，不像新媒体那样良莠不齐，真假难辨。

Of course, there are many advantages of new media, but it is undeniable that traditional media has higher authenticity and stronger credibility. Unlike new media, the good is mixed up with the bad, and it is difficult to distinguish between true and false.

"固然……但……"表示说话人承认某个事实，但更承认、更想突出另一个事实。

例句中，说话人承认"新媒体有很多优势"，但更承认、更想突出"传统媒体的真实性和公信力"。

例：（1）北京市外企服务总公司近日公布的"外企人职业生活调查"结果表明，70%以上的被调查者认为在外企工作固然能获得较高的收入，但每天工作忙碌而紧张，工作压力很大。

（2）近年来，各出版社出版的科技图书数量明显下降。国家和各政府部门增加资金支持固然是解决问题的一个方法，但最终还是需要依靠出版社自身的力量。

4 那倒也是。

That's true.

"倒"用在肯定句中,表示说话人语气变得放松、舒缓,"倒"后面一般用表示积极意义的词语。"那倒也是"一般用于听了别人不同的看法后表示肯定,也可以说"你这么说倒也对"或者"你说的倒也在理儿"。

例:(1)A:王总,您坐下来咱们慢慢说,我们公司的产品虽然报价最高,但质量也是最好的。

B:那倒也是。要不然我也不会这么远跑过来跟你们谈。

(2)A:下周又要出差。天天出差,我快受不了了。

B:出差多好,不用老在办公室坐着,还能顺便旅旅游。

A:你这么说倒也对。听说我这次去的地方有不少景点,工作之余可以抽空儿去看看。

5 你们俩说的都有道理。

You both have a point.

大家一起讨论或聊天儿时,如果觉得前面两个人说的话都有一些道理,就可以用这句话总结一下,然后再说出自己的看法。

6 你一说我想起来了。

As soon as you mentioned it, I remembered.

别人说的话让你想起了某件事情时,你可以在讲这件事以前说"你一说/提我想起来了""你不说/提我都忘了"或者"你不说/提我差点儿忘了"。

四 测试题

一、朗读课文，注意语音语调。

二、判断题。

1. 李飞认为互联网时代传统媒体更有优势。（　　）
2. 孟安诺认为新媒体公信力更强。（　　）
3. 孟安诺认为新媒体广告里边可能有假信息。（　　）
4. 高万云认为主要应该投放互联网广告。（　　）
5. 让产品上热搜是中国新兴的产品推广方式。（　　）
6. 直播带货的方式在欧洲市场根本不可行。（　　）
7. 李飞和孟安诺需要在下周一提交调整过的推广方案。（　　）

三、单选题。

1. 这个直播间里的商品从来都是（　　）的，你要是手慢，就什么都买不到。
   A 交付　　　B 热搜　　　C 秒杀　　　D 推送

2. 去年 11 月，全球共向新兴市场（　　）资金 1450 亿美元。
   A 回笼　　　B 售出　　　C 结算　　　D 投放

3. "饥饿（　　）"是指卖方为了提高售价或扩大未来的销量，故意降低产量或供货量，制造供不应求的虚假现象，就像故意让人饥饿一样。
   A 营销　　　B 投放　　　C 滞销　　　D 销售

4. 我们习惯把近几年新发展起来的、与传统消费区别明显的网上购物、网上订餐、智能汽车、智能家居等称为（　　）消费。
   A 新款　　　B 新鲜　　　C 新兴　　　D 精准

5. 这款手机曾经是知名手机品牌，但现在市场（　　）仅有 1% 了。
   A 预算　　　B 产量　　　C 总额　　　D 占比

第7课 我们的广告最好新旧结合

6. A：你先去交货，然后准备一下明天上午9点的讨论会。
   B：（　　），明天要讨论的推广方案我还没写完呢，我得赶紧写去。
   A 那我先说两句吧　　　　　　B 我就开门见山了
   C 你不说我都忘了　　　　　　D 这是不可否认的

7. 在项目开始前，我们需要全方位考虑项目执行的可行性，尤其是投资（　　）。
   A 投放　　　B 占比　　　C 结算　　　D 预算

8. 做企业，赚钱（　　）很重要，但也不能忘记自己的社会责任。
   A 然而　　　B 固然　　　C 既然　　　D 竟然

四、请将下列词语填入合适的位置。

公信力　　逐年　　良莠不齐　　可行性　　推送

中东地区智能手环推广（　　）分析

2017年以来，中东年轻人对智能产品的需求量（　　）上升，公司最新研发的智能手环在该地区有巨大的消费市场。但由于近几年进入中东市场的智能产品（　　），消费者对新产品往往缺乏足够的信任。这次推广的智能手环是最新款的X5系列，公司将充分利用传统媒体的（　　）和新媒体广告投放的灵活性，将广告精准（　　）到每个可能的消费者面前。

课前准备

从微信、微博、抖音（TikTok）、YouTube等你常用的软件中找一个广告或一条产品推广信息，上课时说一说：

1. 你找到的广告或信息是推广什么产品的？
2. 这个广告或推广信息是在哪儿出现的？
3. 你觉得这种推广方式的效果怎么样？

第8课　选对了代言人就能事半功倍

 **学习目标**

1. 能根据产品性能和特点选择合适的代言人。
2. 能和同事讨论确定产品代言方案。
3. 能准确表达自己的观点。

 **生词**

1. 代言人　　dàiyánrén　　（名词）　　spokesperson

简单来说："代言人"就是以个人形象及影响力为某个品牌或商品等进行推介宣传的人。"代言"是动词，可以说"为……代言"。

例句：（1）合适的代言人有利于商品销量的提升。
　　　（2）作为华为 Nova 系列手机的全球代言人，这位明星沉稳、认真、严肃，这也正是华为的品牌态度。

思考：你最喜欢的明星是谁？他/她代言过哪些品牌？

2. 效应　　xiàoyìng　　（名词）　　effect

简单来说："效应"指物理或化学作用产生的效果，如化学效应等，也可以指一个人说的话、做的事，或者一件事的发生、发展在社会上引起的反应和效果，如明星效应、品牌效应等。

例句：著名"网红"在这家烤肉店做了一次直播后，这家烤肉店的生意越来越好，这就是"网红效应"。

思考："网红效应"对你的消费有什么样的影响？你会受"网红"的影响去消费吗？

3. 溢价　　yìjià　　（动词）　　to pay a premium (over sth.'s face value/original price)

简单来说："溢价"指高于面值或原定的价格，也指高于平价的价格。"品牌溢价"是指品牌会提高产品的价格，比如：同样的水，放在普通的瓶子里和放在名牌矿泉水的瓶子里，价格是不一样的，名牌矿泉水的价格里就包含着它的"品牌溢价"。

例句：品牌的知名度、消费者的认可度和忠诚度越高，品牌的溢价能力就越强。

思考：你觉得奢侈品是通过什么方式实现品牌溢价的？

4. 主打　　zhǔdǎ　　（动词）　　to feature, to specialise in

简单来说："主打"就是在吸引受众或顾客时重点推介或重点打造，如主打歌、主打商品、主打……理念，它们对开拓市场起重要作用。

例句：格力公司的产品有空调、洗衣机、热水器、冰箱、电风扇、洗碗机等，在众多生活电器中，空调一直是格力公司的主打产品，有一句广告说"好空调，格力造"。

思考：你爱去的那家餐厅的主打菜是什么？

5. 监测　　jiāncè　　（动词）　　to monitor

简单来说："监测"就是监视并检测（数值是否达到标准）。如：环境监测、空气质量监测、空气污染监测。

例句：这几款智能运动手表都能实时监测心率、血压、睡眠等健康状况，但只有这两款有摔倒监测功能，万一不小心跌倒了，手表会自动报警，特别适合老年人佩戴。

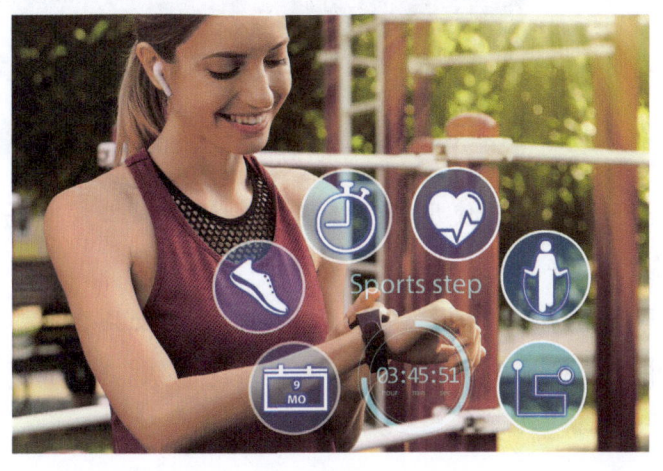

思考：你在网上能查到你家附近的空气质量监测数据或水质监测数据吗？

6. 草根　cǎogēn　（名词）　grass roots

简单来说："草根"就是草的根部，也指普通群众。

例句：他出生在河北省一个普通的农村家庭，是中国家喻户晓的"草根明星"。

思考：你们国家有"草根明星"吗？他/她是怎么成为明星的？有"草根网红"吗？他/她是怎么成为"网红"的？

7. 意愿　yìyuàn　（名词）　will, intention

简单来说："意愿"就是愿望、心愿。

例句：品牌选择经销商时，应该把合作意愿作为首要条件。如果对方不是强烈地想要合作，那不管他的条件有多好，都不可能专心为你经销商品，更不可能对你的品牌忠诚。

8. 打造　dǎzào　（动词）　to forge, to create, to build

简单来说："打造"可以指制造（多指金属物品），如打造刀具，也可以指花费大量时间和精力创造，如打造优质品牌、打造良好的企业形象、打造优秀人才。

例句：（1）这种手工锁是使用传统工艺打造的，人工成本高，所以价格也比一般的锁贵一些。

（2）国民品牌"谢馥春"是中国第一家化妆品企业，该企业致力于打造具有中国传统特色的"东方美妆"品牌形象。

思考：怎样才能打造良好的品牌形象？请举例说明。

9. 爆款　bàokuǎn　（名词）　hot-selling product

简单来说："爆款"就是卖得好、卖得多、大家都想买的热门商品。

例句：一双普通的"回力"布鞋，因为这位明星穿过一次，不仅上了微博热搜榜，还一夜之间成为"爆款"，线下门店和网店都断货了，想买都买不到。

思考：你会买爆款产品吗？如果需要加价才能买到爆款产品，你会买吗？为什么？

10. 思路　sīlù　（名词）　(train of) thinking

简单来说："思路"就是思考的线索、思想的路线。

例句：（1）他正在写论文，你别和他说话，不然会打断他的思路。

（2）小李试着把这个想法写了下来，他越写思路越清晰，不到两个小时，一个简单的想法就变成了一份3000字的计划书。

思考：你认为互联网时代的企业经营思路应该是什么样的？

11. 领域　lǐngyù　（名词）　field, area

简单来说："领域"指学术思想或社会活动的范围。如：自然科学领域、艺术领域、经贸领域、科技领域。

例句：（1）中国和沙特阿拉伯王国两国经济互补性突出，合作潜力巨大，未来可以在七大领域加强合作。

（2）爱因斯坦（Albert Einstein）的"相对论"在物理学领域引起了一场巨大的变革。

思考：毕业以后，你想从事哪个领域的工作？你们国家最有投资吸引力的领域有哪些？

12. 口碑　kǒubēi　（名词）　public praise, word of mouth

简单来说："口碑"就是大家口头上的称赞或评价。

例句: 中国丝绸第一品牌"瑞蚨祥"因其精致的做工、优质的布料、人性化的设计，在国内外市场上拥有良好的口碑。

思考: 企业怎样才能树立良好的口碑？

13. 形象　　xíngxiàng　　（名词）　　image

简单来说: "形象"指形状相貌。"企业/公司形象"指社会公众对企业/公司的印象和评价。

例句: 作为公司的一名员工，不管走到哪里，都要记得维护公司的形象，这是作为公司员工的基本职业道德。

思考: 拍摄企业形象宣传片儿有必要吗？为什么？你觉得哪个公司的企业形象宣传片儿最有创意？

14. 潮流感　　cháoliúgǎn　　（名词）　　stylish sense

简单来说: "潮流"就是社会变动和发展的趋势，"感"就是感觉，"潮流感"就是新鲜、时尚、流行的感觉。

例句: 这家理发店的发型设计很有潮流感，很多年轻人都喜欢来这里做头发。

思考: 哪些行业要特别重视潮流感？为什么？

第8课　选对了代言人就能事半功倍

15. 引领　yǐnlǐng　（动词）　to lead

简单来说："引领"就是引导、带领。

例句：在他的引领下，公司得到了快速发展。

思考：你觉得哪些人在引领潮流？

16. 发挥　fāhuī　（动词）　to give play to

简单来说："发挥"就是把内在的性质或能力表现出来。

例句：由于心理压力太大，这位运动员没能在比赛中发挥出真正的水平，导致他输掉了本来可以获胜的比赛。

思考：你觉得自己有哪些优势？你认为什么样的工作能让你充分发挥自己的优势？

17. 集中　jízhōng　（动词）　to concentrate

简单来说："集中"就是把分散的人、事物、力量等聚在一起。

例句：从图中我们可以看出，中老年人在电商平台购买的化妆品主要集中在"抗皱"和"头发护理"这两大类。

中老年化妆品电商销售额品类排名（单位：元）

品类	销售额
抗皱	7 655 792
头发护理	6 369 139
基础护肤	945 250
眼部护理	820 115
祛斑	309 815
敏感肌修护	34 806
美白	5325

思考：在年轻人集中的地方开什么店比较好？

18. 追逐　zhuīzhú　（动词）　to pursue

简单来说："追逐"就是追赶、追求。如：追逐时尚、追逐名利。

例句：消费时不应过分追逐爆款，而是要更多地关注自己到底需要什么样的产品，适合自己的才是最好的。

思考：买手机时，你会追逐新款吗？为什么？

19. 事半功倍　shìbàn-gōngbèi　（成语）　to get twice the result with half the effort

简单来说："事半功倍"就是花费的气力小，收到的成效大。

例句： 我们的原料都是最好的，车间的生产设备也已经更新了，如果能请到一两位专家现场指导一下，一定能达到事半功倍的效果。

思考： 请举例说明事半功倍和事倍功半的意思。

20. 定位　dìngwèi　（动词）　to target, to position

简单来说："定位"指把事物放在适当的地位并做出评价，也可以指用仪器设备等对物体所在的位置进行测量并确定。

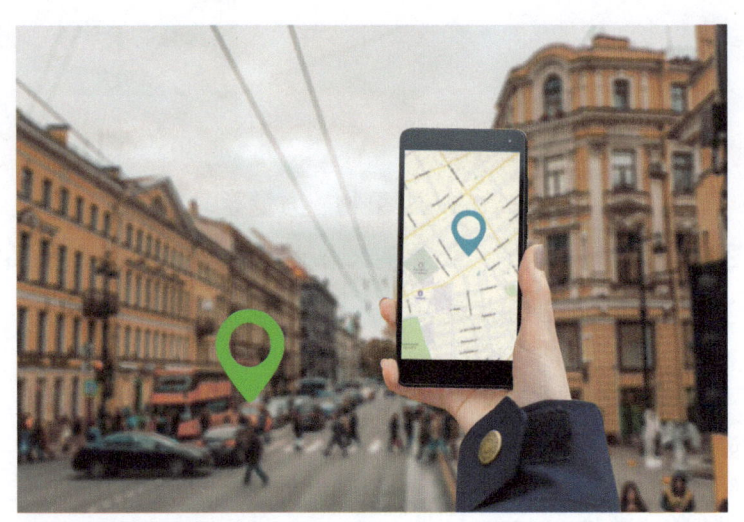

例句： 一个企业要想在激烈的竞争中求生存、求发展，首先必须对自身进行准确定位，找准产品在市场中的位置，并根据市场需求不断创新，提高品牌的竞争力。

思考： 你现在用的是哪款手机？你觉得这款手机的产品定位是什么？

21. 流量　liúliàng　（名词）　(rate of) flow

简单来说："流量"指在单位时间内通过某个地方的人员、车辆等的数量，如交通流量、旅客流量。本课中"流量"指的是网络数据量、单位时间内的网络访问量。明星或"网红"因为名气大、粉丝多，能够带来很大的网络数据量，可以说"流量很大"。

例句："流量明星"，网络流行语，也叫"流量艺人"，指的是那些人气旺、粉丝多、关注度高、号召力强的明星。

思考： 你们国家有流量明星吗？他/她为什么能成为流量明星？

第8课　选对了代言人就能事半功倍

 **三　常用表达**

1 通过明星效应扩大品牌知名度，从而实现品牌溢价。

Expand the popularity of the brand through star effect so as to achieve brand premium.

原因／条件／方式……，从而＋结果／目的……

例：（1）公司应该定期为职工提供适当的专业培训，这样才能不断提高员工的职业技能，从而提高企业的整体素质和市场竞争力。

（2）面对问题，老板总能先考虑员工的需求，员工也能感受到来自企业的温暖和爱护，从而建立了"以厂为家"的企业文化。

2 这个思路听上去不错。

It sounds like a good idea.

在讨论工作时，如果认为对方的思路不错，想表示初步的认同和支持，同时提出自己的看法，可以先说这句话。

3 明星也好，"网红"也罢，只要能引领潮流，就可以考虑。

Both a star and an online celebrity can be considered as long as they can lead the trend.

"……也好"和"……也罢"常常连用，表示在任何情况下都是这样。

例：（1）线上也好，门店也罢，在11月11日这天，只要消费满3999元，就可以获得代言人亲笔签名的价值399元的礼品一份，先到先得。

（2）销售部也好，推广部也罢，不管这个员工是哪个部门的，想出了这样的好主意，就应该被嘉奖。

4 这一点很关键。

This is crucial.

　　如果认为对方说的话指出了问题的关键点，可以用这句话表示对他人的强烈认同和肯定。

5 选对了代言人就能事半功倍，选错了就会事倍功半。

You can get twice the result with half the effort if you choose the right spokesperson, and half the result with twice the effort if you choose the wrong spokesperson.

　　"事半功倍"和"事倍功半"是反义词，"事倍功半"指花费的气力大，收到的成效小。这两个词可以一起用，表示做一件事的方式和方法不同，结果会完全相反。

 四 测试题

一、朗读课文，注意语音语调。

二、判断题。

1. 智能运动手表会在年底上市。　　　　　　　　　　　　　（　　）
2. 李飞认为明星效应能实现品牌溢价。　　　　　　　　　　（　　）
3. 孟安诺觉得代言人应该选择欧洲明星。　　　　　　　　　（　　）
4. 林小雨认为代言明星的口碑很重要。　　　　　　　　　　（　　）
5. 高万云认为要找能引领潮流的明星或"网红"。　　　　　（　　）
6. 孟安诺会整理一些明星和"网红"的资料。　　　　　　　（　　）

三、单选题。

1. 据说一只南美洲热带雨林里的蝴蝶动几下翅膀，可能在两周后引起美国的一场龙卷风，这就是著名的"蝴蝶（　　）"。
   A 定位　　　　B 效率　　　　C 效应　　　　D 效果

2. 作为新能源 SUV 车型，这个品牌的汽车（　　）绿色环保的设计理念，很受消费者的欢迎。
   A 主打　　　　B 主流　　　　C 主要　　　　D 主持

3. 中韩两国在文化（　　）的交流与合作是多方面的，包括文学、艺术、教育、新闻、出版、广播、电影、体育等。
   A 领土　　　　B 领域　　　　C 思路　　　　D 流量

4. 2022 年的北京冬奥会（　　）了一阵国货潮：从场馆布置、运动设施到人员装备、周边产品，无处不在的中国品牌成为亮丽的风景线，也使得许多国货品牌的销量一路走高。
   A 带领　　　　B 指导　　　　C 引导　　　　D 引领

5. 自 2017 年起，中国将每年的 5 月 10 日设为"中国品牌日"，积极（　　）品牌引领作用，加快推动供需结构升级。
   A 发挥　　　　B 发散　　　　C 发展　　　　D 发生

6. 在公司管理中，不少管理者经常遭遇这样的困局：自己常常是某个领域的专家，对公司事务也总是认真负责、尽心尽力，结果却总是（　　），不尽如人意。
   A 事半功倍　　B 事倍功半　　C 一本万利　　D 一箭双雕

四、请将下列词语填入合适的位置。

溢价　　爆款　　意愿　　集中　　定位

想要打造销量、人气都高的（　　）产品，企业必须要对产品、市场和消费群体做好全面分析和准确（　　）。要选择那些符合消费者购买需求和购买（　　　）的款式进行推广，还要在短时间内（　　　）人力和成本进行最大范围的宣传和促销，一旦推广成功，不但可以提升销量，获得经济效益，还能提高企业的知名度和口碑，最终实现品牌（　　　）。

课前准备

下面有三个问题，请你想一想、查一查，上课时和大家分享。
1. 你会因为喜欢某个明星而去买他/她代言的产品吗？曾经买过什么？
2. 如果你想买一款智能运动手表，你会选择哪个品牌？为什么？
3. 品牌为产品选择代言人时，一般会考虑哪些因素？

第9课 这个活动力度确实不小

一 学习目标

1. 能和同事讨论确定新品上市方案和产品促销活动。
2. 能根据市场情况制订或调整代理商和经销商政策。

二 生词

1. 首发 shǒufā （动词） to release or publish for the first time

简单来说:"首发"就是第一次发放、发行。

例句:"长城SUV哈弗H6"于8月25日在长城天津国际领先新工厂全球首发,率先推向市场的车型将匹配一款1.5T的发动机。

思考:新品首发一般会搞什么活动来打开市场?

2. 力度 lìdù （名词） strength, force

简单来说:"力度"就是力量大小的程度、力量的强度。如:推广力度、促销力度。

例句:刷脸支付具有效率高、减少顾客等待时间、成本低的优点,因此微信、支付宝对刷脸支付的推广力度都很大。

思考：在你们国家，什么时候的商品促销活动力度最大？

3. 利润　　lìrùn　　（名词）　　profit

简单来说："利润"就是经营工商业等赚的钱。利润 = 收入 – 成本。

例句：根据 2019 年 12 月的最新估计，苹果手机占智能手机总收入的 32%，占智能手机行业总利润的 66%，三星手机排在第二位，占整个手机行业利润的 17%。

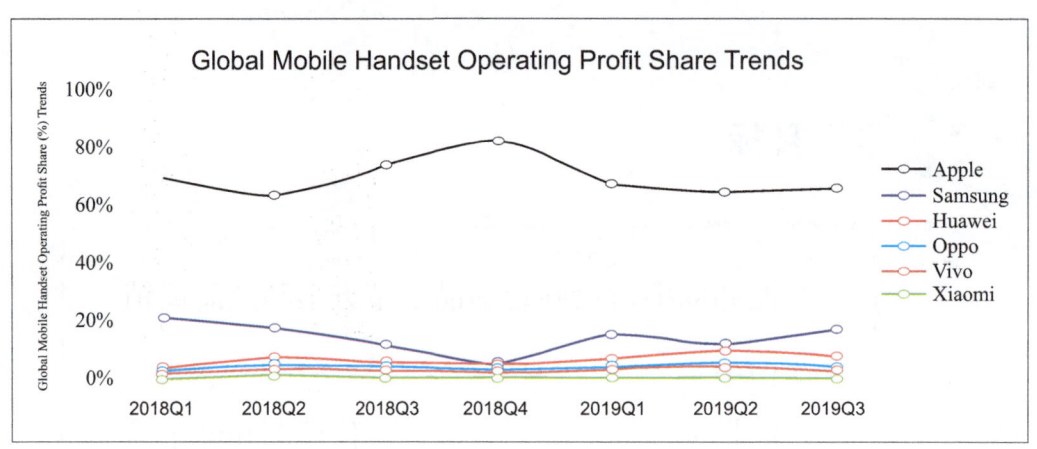

思考：在你们国家，你觉得哪个行业的利润比较高？

4. 损失　　sǔnshī　　（名词/动词）　　loss; to lose

简单来说："损失"就是消耗或失去的东西，也指消耗或失去。

例句：年初的台风和暴雨给这个国家的旅游业造成了近 8 亿美元的损失。

思考：哪些情况可能会给外贸公司带来损失？

5. 核算　　hésuàn　　（动词）　　to examine and calculate

简单来说："核算"就是企业经营上的核查计算。如：核算成本、资金核算。

例句：工资核算是每个公司财务部门最基本的业务之一，不仅关系到每个职工的切身利益，也直接影响到产品成本核算。

思考：手工进行工资核算和采用计算机进行工资核算有什么不同？

6. 双重　　shuāngchóng　　（形容词）　　double

简单来说："双重"就是两层、两方面的，多用于抽象事物。如：双重国籍、双重优惠。

例句：COCO奶茶最近用手机点餐有双重优惠：第一重是微信支付可以立减5元；第二重是周四使用手机点餐，满15元立减3元。

思考：商场促销活动中的双重优惠一般包括哪些内容？

7. 抽奖　　chōujiǎng　　（动词）　　to draw a lottery or raffle

简单来说："抽奖"就是用抽签等方式确定获奖者、奖项或奖品。

例句：春节期间，凡是购物满199元的顾客都可以获得一次参与"新春大抽奖"活动的机会，抽中一等奖可得188元现金红包。

思考：你参加过抽奖活动吗？中过奖吗？你觉得抽奖活动能促进销售吗？

8. 彩头　　cǎitóu　　（名词）　　good luck, good omen

简单来说："彩头"指获得利益或胜利的预示。如：得了个好彩头。

例句：今天购物有双重好礼，打8折的基础上，还能抽百分百中奖的红包，元旦好彩头，收获一整年。

思考：你们的文化里有类似于新年"讨个好彩头"的说法吗？

| 9. 电商 | diànshāng | （名词） | e-commerce |

简单来说："电商"指电子商务，也指从事电子商务的平台或商家，如阿里巴巴、京东都是电商，京东上的卖家也是电商。

例句：网上药店的利润在15%～20%左右，比起一般电商3%～5%的利润，确实高出不少。

思考：在电商平台销售产品，和在实体店售卖产品相比有什么优势？

| 10. 促销 | cùxiāo | （动词） | to promote sales |

简单来说："促销"就是促进或推动商品销售。如：打折促销、买一送一促销。

例句："双十一"疯狂夜！全场8折促销！

思考：你们国家的电商促销活动多吗？一般选在什么时候促销？

| 11. 完善 | wánshàn | （动词） | to make...better |

简单来说："完善"就是使……完备良好，变得更好。

例句：二十年来，这家公司持续完善营销服务体系，现在他们的服务业务遍及110多个国家和地区，服务全球20多亿人口。

第9课　这个活动力度确实不小

思考：如果想从事国际经济与贸易领域的工作，你认为自己哪些方面还需要完善？

12. 调整　　tiáozhěng　　（动词）　　to adjust

简单来说："调整"就是改变原来的情况，适应客观的环境和要求。

例句：（1）甲方对我们提供的设计方案提出了新要求，我们需要调整一下。

（2）互联网时代，传统企业必须主动与互联网融合，主动调整生产方式和经营方式，主动转型升级，才不会被时代淘汰。

思考：据你观察，最近几年社区便利店是如何调整经营服务的？

13. 激励　　jīlì　　（动词）　　to motivate

简单来说："激励"就是激发鼓励。

例句：领导者要善于激励，在员工遇到挫折时，激励他们勇敢坚持；懒惰时，激励他们马上行动。好的领导者一定是一个"激励大师"。

思考：一个企业应该采取哪些措施来激励员工，从而让员工为企业多做贡献？

14. 协助　　xiézhù　　（动词）　　to assist, to help

简单来说："协助"就是帮助、辅助。

例句：这次市场调研是在销售部的协助下完成的，我代表市场部的全体同事对销售部的支持表示感谢。

思考：想一想，哪些工作或哪些事情需要别人的协助才能完成？

15. 代理商　　dàilǐshāng　　（名词）　　agent, agency

简单来说："代理商"就是代表企业经营或销售产品并赚取代理费用的商业单位，是中间商的一种类型。

例句：（1）要想做一名成功的红酒代理商，必须具备以下四个条件：一是选对品牌，二是进行品牌的科学经营规划，三是认清你和厂家的关系，四是公司化运作。

（2）目前，华为手机营销渠道可以分两大类：分销渠道和直销渠道。分销渠道主要包括全国总代理商、区域代理商、网上代理商三类。

思考：据你了解，哪些中国品牌在你们国家有代理商？

16. 经销商　　jīngxiāoshāng　　（名词）　　dealer

简单来说："经销商"就是在某一区域和领域提供销售或服务的单位或个人，他们从企业买货然后卖出，从价差中获取利润。

例句：（1）帝牌男装，中国服装百强，国家免检产品，中国驰名商标，诚招福建各地经销商。

（2）在茅台越南经销商——越南茅代公司的努力推广下，茅台酒逐渐在越南多个城市掀起一股"茅台风潮"。

思考：企业常用哪些方式调动经销商的积极性？

17. 政策　　zhèngcè　　（名词）　　policy

简单来说："政策"就是国家、政党制定的行动准则。如：教育政策、货币政策、房地产政策。

例句：（1）政府有关部门积极为企业提供政策咨询和信息服务，还专门成立了中小企业服务中心。

（2）近三年来，北京市先后投入资金一亿元，并以各种优惠政策加大对大学科技园的支持力度。

思考：上网搜索一下，你们国家对进出口商品有哪些政策规定。

18. 定额　　dìng'é　　（名词）　　quota

简单来说："定额"就是规定的或固定的数额、数量。

例句：（1）定额发票由税务局专门印制，每张都有固定金额，一般分为10元、20元、50元、100元、200元等11种，适用于小微企业。

（2）这个月各门店都完成了各自的销售定额，销售总量超过了总定额的20%，公司超额完成销售任务，值得庆祝。

思考： 定额发票和机打发票有何不同？

19. 佣金　　yòngjīn　　（名词）　　commission

简单来说： "佣金"就是买卖时付给中间人的钱。

例句： 王女士与一家房产中介签订代理合同，委托对方购买一套价值约 200 万元的房屋，约定成交后付给对方 2% 的佣金。

思考： 哪些行业存在佣金制度？从事哪些职业可以赚取佣金？

20. 批零差价　　pīlíng chājià　　differences between wholesale and retail prices

简单来说： "批零差价"就是批发和零售价格之间的差，另外还有地区差价、季节差价等。

例句：（1）蔬菜批发市场的大白菜每公斤 1 元，我们小区菜店的零售价是每公斤 1.8 元，这中间的 8 毛钱就是批零差价。

（2）批零差价不仅涉及批发商与零售商的利益，而且直接影响市场物价水平。

思考： 哪些种类的商品批零差价比较大？

21. 调动　　diàodòng　　（动词）　　to mobilize

简单来说： "调动"在本课指的是"调集发动"，通过一些方法让对方主动做什么。如：调动员工们的积极性、调动大家的学习热情。

例句： 我们公司设计的这套厨具在颜色和造型上都可以调动做饭人的情绪，让他们在略微兴奋的状态中充分享受制作美食的乐趣。

思考： 哪些方法能调动员工的积极性？

常用表达

1 是不是也可以考虑新年抽奖活动？

Can we also consider the New Year lottery?

"是不是也可以考虑……"表示提出建议，提出另外一种选择，让对方考虑一下是否可行。

例：关于公司成立十周年庆典，大家想了很多庆祝活动，你觉得还可以将新品首发放到庆典活动中，你可以说："是不是也可以考虑把新品首发作为庆典的一个环节？"

2 新年嘛，大家都想讨个好彩头。

For the New Year, everyone wants to ask for a happy omen.

"……嘛"用在句中停顿处，后面的话往往是重点，可以是解释、说明、强调等内容。

"讨个好彩头"的意思相当于"好东西的出现意味着未来能有好运气"，古时候比赛胜利得到的奖品叫"彩头"。新年是一年的开始，这时得了奖品，那么今后这一年都会顺顺利利，充满希望。

3 哪怕末等奖只是一瓶洗手液，也不能让消费者失望。

Even if the last prize is a bottle of hand sanitizer, we cannot let consumers down.

"哪怕……"表示先假设一种情况，"也"后边是一个不变的结果，类似于"即使……也……"。

一瓶洗手液不贵，不算是大的奖项，但是最重要的是"也"后面的部分——不能让消费者失望，所以要让每个消费者都能抽到奖，即使是一瓶便宜的洗手液，抽到了也是好彩头。

例：（1）格力公司很重视产品的售后服务，哪怕只是空调的遥控器出现了问题，服务人员也要亲自到消费者家里帮忙修理，就这样，格力产品在消费者中树立了良好的口碑。

（2）这款拖扫一体机器人操作时有语音提示，使用起来简单又方便，哪怕是不识字的老人也能轻松掌握使用方法。

4 代理商完成销售定额后，销售额每增加 100 万元，佣金率提高 0.3 个百分点，最高不超过 8%。

After the agent completes the sales quota, the commission rate will increase by 0.3 percentage points for every 1 million *yuan* increase in sales to a maximum of 8%.

"每"后面是一个表示变化的动词，常用的有"增加""减少""下降""提高"等。

例句中，"销售额"增加的结果是"佣金率"提高，只要销售额增加 100 万，佣金率就会跟着提高 0.3%。

例：（1）有房地产专家做过统计，房地产业每减少 100 万平方米建筑量，就会有 30 万人的就业受到影响。

（2）浪潮信息与国际数据公司（IDC）发布的《2020 全球计算力指数评估报告》显示，计算力指数平均每提高 1 个点，数字经济和 GDP 将分别增长 3.3‰和 1.8‰。

 测试题

一、朗读课文，注意语音语调。

二、判断题。

1. 王一鸣让孟安诺看一份欧洲市场调研报告。　　　　　　　　（　　）
2. 孟安诺认为既送表带又赠话费的活动不合适。　　　　　　　（　　）
3. 王一鸣认为直接打折更能吸引消费者。　　　　　　　　　　（　　）
4. 抽到一瓶洗手液会让消费者失望。　　　　　　　　　　　　（　　）
5. 塞尔维亚不少年轻人也习惯网上购物。　　　　　　　　　　（　　）

6. 公司派孟安诺去塞尔维亚成立分公司。　　　　　　　　　　（　　）

7. 公司用提高佣金率的方法调动经销商的积极性。　　　　　　（　　）

三、单选题。

1. 成本这么高，如果定价太低，我们的产品就没有什么（　　）可言了，那不是"赔本赚吆喝"吗？
   A 佣金　　　　　B 彩头　　　　　C 利益　　　　　D 利润

2. 微信扫码，参与（　　）活动，最高可得1999元全场代金券。
   A 中奖　　　　　B 彩头　　　　　C 抽奖　　　　　D 得奖

3. 除了给员工提供更高的工资和奖金，能够（　　）员工的方式还有很多，比如认可和表扬、愉快的工作环境、广阔的职业发展空间等。
   A 激励　　　　　B 激动　　　　　C 激发　　　　　D 刺激

4. 市场总是有风险的，一次投资失败不算什么，关键是要（　　）心态和方法，胜不骄、败不馁，还要记住中国有句老话叫"知己知彼，百战不殆"。
   A 调动　　　　　B 调查　　　　　C 调试　　　　　D 调整

5. 为促进中小企业健康发展，国家在金融、税收、技术指导等方面发布了一系列扶持（　　），还专门建设了国家中小企业政策信息互联网发布平台。
   A 政策　　　　　B 政府　　　　　C 政治　　　　　D 政见

6. 两组工人加班加点，不断刷新生产纪录，日产量最高达15 000件，超出（　　）一倍多，只用了三个月就圆满完成了产品出口任务。
   A 定额　　　　　B 定金　　　　　C 核算　　　　　D 利润

7. 这么人性化的设计绝对走在该领域的前沿，现在又有双重优惠，您赶上了是您的幸运，您要是不买，那可就是您的（　　）了。
   A 失望　　　　　B 打折　　　　　C 损坏　　　　　D 损失

8. 分公司引进了新设备，总公司特派了三位科技专家指导工人操作，还派了两名经验丰富的技术员（　　）生产。
   A 资助　　　　　B 协助　　　　　C 自助　　　　　D 完善

四、请将下列词语填入合适的位置。

电商　　力度　　核算　　促销　　调动

（　　）活动就是为了促进某种商品或服务的销售而进行降价或是赠送礼品等的活动，能在短期内促进销售，提升业绩，增加收益。活动类型有：(1)限时折扣，即门店或（　　）平台在特定营业时段内，提供优惠商品，（　　）消费者的购买积极性；(2)赠品促销，即消费者购买某商品即可获赠特定物品；(3)免费试用，现场提供免费样品供消费者试用。

无论采用哪种形式，商家们都会进行成本（　　），合理控制促销活动中的优惠（　　），尽量避免"亏本的买卖"。

课前准备

下面有三个问题，请你想一想、查一查，上课时和大家分享。

1. 你觉得新产品一般选择什么时间上市比较合适？
2. 你们国家常用哪些促销方式？
3. 中间商、代理商和经销商有什么不同？

第10课　在官网平台申请品牌展位

学习目标

1. 能掌握广交会等常见展会的基本申请流程。
2. 能完成申请展位的材料准备工作。
3. 能向主办方申请展位并成功参展。

生词

| 1. 交易会 | jiāoyìhuì | （名词） | trade fair |

简单来说："交易"就是买卖商品，"交易会"就是买卖商品的集会，"食品交易会"就是买卖各种食品的集会，"汽车交易会"就是买卖汽车的集会，"中小企业交易会"就是买卖中小企业产品和技术的集会，此外还有图书交易会、农产品交易会、进出口商品交易会等。

例句： 中国进出口商品交易会是中国目前历史最长、层次最高、规模最大、商品种类最全、成交效果最好的国际贸易盛会。

思考： 你还知道哪些有名的交易会？

2. 承办　　chéngbàn　　（动词）　　to undertake, to contract to do a job

简单来说： "承办"就是承担办理（会议、比赛、活动等）。如：承办会议、承办比赛、承办教育交流活动。

例句： （1）中国在加入亚洲太平洋经济合作组织（APEC）十周年之际承办了2001年APEC会议，表达了中国政府和人民与其他国家加强经济合作的美好愿望。

（2）天津环渤海建筑材料中心批发市场创办于1996年，经营面积20多万平方米，是天津最大的综合性建材市场，也是一年一度的全国建材商品展销会的承办单位。

思考： 你们国家或地区承办过哪些知名的国际性会议或比赛？

3. 官网　　guānwǎng　　（名词）　　official website

简单来说： "官网"指官方办的网站，也指正式得到授权的网站。如：广交会官网、华为官网、济南市人民政府官网。

例句： （1）最新款的手机在官网上的售价是6799元，但是"双十一"网购有优惠活动，只要5899元，比官网上的价格低了不少。

（2）本届广交会改为线上展会，企业可以直接在广交会官网上填写企业信息和产品信息，申请线上交易会的展位。

思考： 学校官网常常会发布哪些信息？

4. 编码　　biānmǎ　　（名词/动词）　　code; to code

简单来说："编码"做名词指编成的数码，做动词指用规定的一组代码来表示某种信息的过程。如：邮政编码、商品编码、海关编码、编码工作。

海关编码即 HS 编码，是供海关、统计、进出口管理及与国际贸易等共同使用的商品分类编码体系。中国的海关编码是十位数字，如 9403509990。

```
HS编码查询
www.hsbianma.com
[请输入商品名称或商品编码]  [查询]
□ 过滤过期编码
□ 显示分类章节
```

例句：（1）你可以登录 HS 编码网站，输入商品名称查询商品编码，也可以输入编码来查询对应的商品。

（2）该公司在深圳口岸申报进口时，由于所持的海关登记证超期，海关编码自动失效，导致无法通关。

思考： 上网查一查，越南白米的海关编码是多少。

5. 出口额　　chūkǒu'é　　（名词）　　export volume

简单来说："出口额"指一定时期内，一个国家从国内向国外出口的商品的全部价值总额，如年出口额、外贸出口额，此外还有进口额、进出口总额等。

例句：（1）意大利是世界高档鞋的主要供应国，年出口额约 50 亿美元，占世界鞋类出口额的 40% 左右。

（2）中国家用电器协会发布的数据显示，2020 年中国家电业累计出口额 837 亿美元，同比增长 18%，出口额规模保持历史同期最佳水平，且增速为近十年来最高。

思考： 你们国家 2022 年的出口额是多少？

6. 营业　　yíngyè　　（动词）　　to do business

简单来说："营业"就是（商业、服务业等）经营业务。如：营业时间、营业额、开始营业、停止营业、暂停营业、恢复营业。

例句： 这家店周一到周四营业到 21:00，周五到周日营业时间延长半个小时，到 21:30。

营业时间
周一～周四 Monday～Thursday
9:30－21:00
周五～周日 Friday～Sunday
9:30－21:30

思考：在你们国家，银行一般营业到几点？哪些店铺会24小时营业？

7. 执照　zhízhào　（名词）　license, permit

简单来说："执照"就是一种证明，有执照就表示被允许做某事。如：营业执照。

例句：（1）营业执照正本应当放置在经营场所的醒目位置。
　　　（2）这家店铺销售假冒伪劣产品，给许多消费者造成了经济损失，被吊销了营业执照。

思考：在你们国家，办理营业执照麻烦吗？需要哪些材料？

8. 资格　zīgé　（名词）　qualification

简单来说："资格"就是从事某种活动所应具备的条件、身份等。如：教师资格、律师资格、资格证、获得资格、审查资格、取消资格。

例句：面对激烈的就业竞争，很多大学生在毕业前就考了很多职业资格证，比如会计资格证、教师资格证、报关员资格证等，以此增强自己的就业竞争力。

思考：你有哪些资格证书？你想考哪些资格证书？

9. 报关　bàoguān　（动词）　to declare sth. at the customs

简单来说："报关"就是进出口货物时向海关申报，办理进出口手续。如：报关单、报关员。

例句：（1）为了缩短货物通关时间，2002年上海海关推出"提前报关"方式，把货物在港后才能办理报关手续改为在货物运输过程中企业的报关员提前报关，海关提前处理，货物到港后即可快速通关。

（2）首都机场是中国最大的货运机场，北京海关推出"空中报关"服务，改变了进口货物必须到港后才能向海关申报的传统方式，平均通关时间降到3小时之内。

思考： 报关和通关有什么区别？

10. 登记　dēngjì　（动词）　to register

简单来说： "登记"就是把相关的人、事、物记录下来，方便以后查询。如：登记图书、登记来客姓名、登记入住。

例句： 进出工业园区的外来车辆及人员都需要登记。

车辆进出登记表							
序号	进入信息				外出信息		
	日期	车牌号	进入时间	登记人	联系电话	日期	开出时间	登记人
1								
2								
3								
4								
5								
6								
7								
8								
9								
10								

思考： 在你们国家开公司需要登记哪些信息？

11. 增值税　zēngzhíshuì　（名词）　value-added tax

简单来说： "增值税"就是国家对在销售货物、提供劳务的过程中增加的价值和进口货物价值所收的税。

例句：（1）增值税是中国最大的税种，增值税收入占全部税收的60%以上。

（2）在中国，销售或者进口农产品需要缴纳9%的增值税。

（3）作为消费者，如果你在书店购买了一本价值109元的图书，这其中有9.81元是你缴纳的增值税。

第10课　在官网平台申请品牌展位

增值税项目	税率
销售或者进口货物（另有列举的货物除外）；销售劳务。	13%
销售或者进口： 1. 粮食等农产品、食用植物油、食用盐； 2. 自来水、暖气、冷气、热水、煤气、石油液化气、天然气、二甲醚、沼气、居民用煤炭制品； 3. 图书、报纸、杂志、音像制品、电子出版物； 4. 饲料、化肥、农药、农机、农膜； 5. 国务院规定的其他货物。	9%

思考：你们国家有增值税吗？一般会对哪些商品征收增值税？

12. 纳税　　nàshuì　　（动词）　　to pay taxes, to pay duty

简单来说："纳税"就是交纳税款。如：依法纳税、纳税人、纳税总额。

例句：（1）依法纳税是每个公民应尽的义务。

　　　（2）2020年11月牛津经济研究院发布《华为对欧洲经济影响力报告》，报告指出，2019年华为在欧洲创造了164亿欧元的经济收益，提供了22.43万个工作岗位，纳税66亿欧元。

思考：在你们国家，个人收入达到多少需要纳税？

13. 盖章　　gàizhāng　　（动词）　　to affix one's seal, to seal, to stamp

简单来说："盖章"就是加盖印章，一般在检查（文件、材料等）以后加盖印章，作为一种有效证明、许可。

107

例句：（1）出入境时，工作人员会在签证页上<u>盖章</u>，记录你的行程，方便核查。

（2）企业需要在网上填报《参展申请表》，然后下载打印，<u>盖章</u>后提交给交易团审核。

思考： 盖章、签名、按手印这三种方式一般什么时候使用？

14. 交易团　　jiāoyìtuán　　（名词）　　business delegation, trade delegation

简单来说： "<u>交易团</u>"就是参展企业组成的商品交易的团队。广交会的交易团一般按照省份、城市划分，如<u>山东省交易团</u>、<u>云南省交易团</u>、<u>济南市交易团</u>。

例句： 为了鼓励甘肃省的企业和采购商参会，甘肃省<u>交易团</u>制定了第132届广交会企业参展支持方案。

思考： 上网查一查，第133届广交会有哪些交易团参加。

15. 审核　　shěnhé　　（动词）　　to examine and verify

简单来说： "<u>审核</u>"就是审查核定（多指书面材料、数字材料）。如：<u>审核商品名称和数量</u>、<u>审核报关资料</u>、<u>提交审核</u>、<u>通过审核</u>、<u>没通过审核</u>。

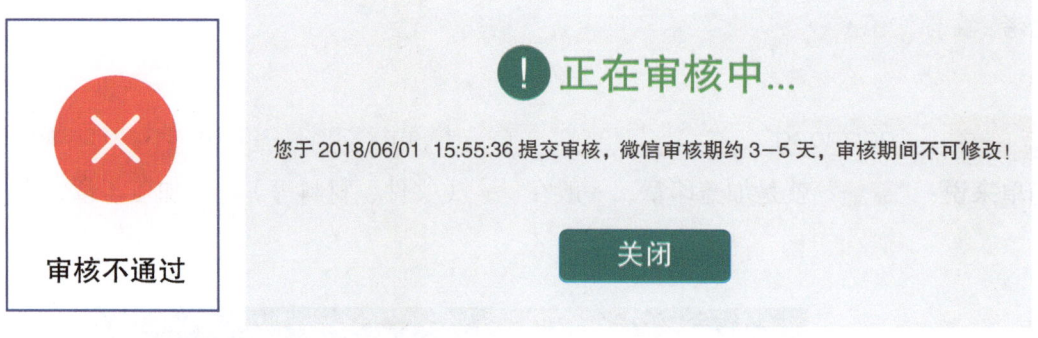

例句：（1）这个项目存在一定的安全隐患，没通过<u>审核</u>。

（2）公司已经通过银行的<u>审核</u>了，马上就能拿到贷款。

思考： 向银行申请贷款时，银行需要审核哪些材料？

16. 失效　　shīxiào　　（动词）　　to lose efficacy

简单来说： "<u>失效</u>"就是失去效力，一般指超过有效时限，失去原有的效力。如：<u>药物失效</u>、<u>合同失效</u>。

例句：（1）吃药前一定要看看生产日期和有效期，过了有效期，药物就<u>失效</u>了，不能吃了。

（2）中国的发明专利保护期是自申请之日起满20年，20年后专利就失效了，也就是说20年后任何人都可以使用该发明成果。

思考：在中国，租赁合同中的租赁期限不得超过20年，超过20年的，超过部分合同会失效，在你们国家呢？

17. 对应　　duìyìng　　（形容词／动词）　　corresponding; to match

简单来说："对应"做形容词指与某一情况相应的，做动词指一个系统中的某一项在性质、作用、位置或数量上跟另一系统中的某一项相当。如：海关编码对应的出口额。

例句：在这个网站上，输入商品名称就能查到对应的海关编码，比如口香糖对应的海关编码是17041000。

海关编码	月度	产销国	数量	金额（美元）	报关口岸	贸易方式	运输方式	商品名称
17041000	201609	菲律宾	24 768	94 213	黄埔海关	一般贸易	江海运输	口香糖，不论是否裹糖
17041000	201609	加纳	11 520	28 128	厦门海关	一般贸易	江海运输	口香糖，不论是否裹糖
17041000	201609	贝宁	24 480	80 611	厦门海关	一般贸易	江海运输	口香糖，不论是否裹糖
17041000	201609	澳大利亚	178	303	深圳海关	保税区仓储转口货物	江海运输	口香糖，不论是否裹糖

思考：海关编码和商品是怎么对应的？一个编码只对应一种商品吗？

18. 核实　　héshí　　（动词）　　to verify, to check

简单来说："核实"就是核查是否真实、准确。如：核实信息、核实情况、核实数据。

例句：A：我的快递已经三天没有更新物流信息了，快递单号是SF02091234998765，麻烦您帮我查一下。

B：您好，您提供的这个快递单号是无效的，请您再核实一下。

思考： 如果有微信好友找你借钱，你会核实他/她的信息吗？会怎样核实信息？

| 19. 变更 | biàngēng | （动词） | to change, to alter, to modify |

简单来说： "变更"就是改变、变动，多用于书面语和比较正式的场合。如：变更比赛日程、变更合同条款、变更海关编码。

例句：（1）由于天气恶劣，原定的会议议程有变更，你负责通知参会人员。

（2）合作双方需要遵循诚信互惠的原则，不得随意变更合同条款。

思考： 在你们国家，变更公司名称需要办理什么手续？

 常用表达

1 严格按照官网上的参展申请材料清单去准备，一共六项，其中要特别注意，根据海关编码统计的出口额是展位安排的重要参考标准。

Strictly follow the list of exhibition application materials on the official website to prepare six items in total. Among them, you should pay special attention to the export value calculated according to the customs code, which is an important reference standard for booth arrangement.

一个事物包含多个方面，想要强调其中最重要的部分时，可以在"其中要特别注意"后面说出需要重点注意的部分，起到提醒对方注意的作用。

例：（1）夏季约有16%的人会出现"情绪中暑"，特别是工作繁忙、压力大的白领。防止"情绪中暑"需要注意三点，其中要特别注意"静心"，俗话说"心静自然凉"。

（2）政府应该为企业发展创造良好的外部环境，其中要特别注意，面对市场竞争的压力，政府要创造公平的竞争环境，保障企业公平竞争。

（3）产品质量不能只依靠检查员的检查，产品质量管理的重点要从抓产品质量转移到抓生产过程上来，其中要特别注意生产过程中每个环节的质量标准和落实问题。

2 一定要确保准确无误。

Make sure it's correct.

一般用于上级向下级布置任务时,强调任务的重要性,不允许出现错误,起到嘱咐、提醒、强调的作用。

例:(1)所有实验数据都要书写清楚,并且反复核对,这些数据关系到新产品的研发,一定要确保准确无误。

(2)你们审核小组必须对每一家合作公司的情况都进行详细的考察和分析,包括他们提供的材料原产地、进货渠道、品质标准、价格等信息,一定要确保准确无误。

3 请您过目。

Please have a look.

"过目"就是看一看、看一遍的意思,"请您过目"是比较尊敬的说法。

例:A:王总,这些是我整理的香港分公司的销售资料,请您过目。
B:好,放这儿吧。

4 我尽快去核实一下,再给您回复。

I'll check it as soon as possible and get back to you.

对方对某事存在疑问,但你对真实情况了解得也不够准确,需要核实,在核实情况之前可以说这句话,是一种礼貌的答复。

对方比较着急地想了解真实情况,这句话表示你会尽快解决这个问题,让对方放心,也常说"我马上去核实一下,再给您回复"。

例:(1)A:小李,仓库那边打电话说最新到库的一批原材料数量与订货单数量不符,你知道具体情况吗?
B:抱歉王总,我目前还不了解。我尽快去核实一下,再给您回复。

(2)A:小王,泰国客户那边反馈说上个月少发了三箱货,怎么回事?
B:我马上去核实一下,再给您回复。

> **5** 细节决定成败。
>
> Details determine success or failure.
>
> "细节决定成败"指的是一个小小的细节能决定整个事情的成功或失败,强调做事时要注意细节。
>
> 例:细节决定成败,一定要用心做好产品和服务的每一个细节,这样才能在激烈的市场竞争中立于不败之地。

 四 测试题

一、朗读课文,注意语音语调。

二、判断题。

1. 广交会是指中国进出口商品交易会。　　　　　　　　　　(　　)
2. 广交会每年冬夏两季在广州举办。　　　　　　　　　　　(　　)
3. 齐北月负责联系承办单位、申请品牌展位。　　　　　　　(　　)
4. 出口额是展位安排的重要参考标准。　　　　　　　　　　(　　)
5. 参展申请材料中最重要的是营业执照。　　　　　　　　　(　　)
6. 孟安诺填写的海关编码是 2021 年的。　　　　　　　　　　(　　)

三、单选题。

1. 去年 11 月,讯达公司(　　)过一场规模很大的电子产品交易会,促成了很多商业合作,受到业界的一致好评。
   A 登记　　　　B 承担　　　　C 办理　　　　D 承办

2. 临近春节，很多淘宝店家在首页发布了停业通告："本店即日起放假，2月5日恢复（　　）。"
   A 营业　　　　　B 资格　　　　　C 营利　　　　　D 开业

3. 根据海关数据统计，2020年中国跨境电商（　　）达1.69万亿元，增长31.1%。其中出口额1.12万亿元，增长40.1%，进口额0.57万亿元，增长16.5%。
   A 进口额　　　　B 出口额　　　　C 进出口额　　　D 纳税定额

4. 讯达公司规定所有外来车辆和人员出入公司都需要（　　）详细信息。
   A 登记　　　　　B 登录　　　　　C 注册　　　　　D 盖章

5. 请贵公司（　　）一下这批货的收货地址是否准确，以确保货物顺利到达。
   A 核实　　　　　B 核算　　　　　C 登记　　　　　D 对应

6. A：明天公司召开季度总结报告大会，请副部长最后（　　）一遍报告要用的销售数据，一定要确保准确无误。
   B：好的，请您放心。
   A 变更　　　　　B 审核　　　　　C 编码　　　　　D 承办

7. 通过依法（　　）、慈善捐助等手段回馈社会是企业应尽的责任，可为企业自身发展创造更坚实的社会基础。
   A 交易　　　　　B 生产　　　　　C 营业　　　　　D 纳税

8. 订货合同中关于产品售后问题的条款需要（　　）一下，新合同后天就得用，你尽快完成这项工作。
   A 登记　　　　　B 变更　　　　　C 对应　　　　　D 交易

四、请将下列词语填入合适的位置。

交易会　　承办　　资格　　审核　　官网　　参展

第三十四届大连进出口商品（　　）顺利举办

　　大连进出口商品交易会创办于1987年，由中国国际贸易促进委员会大连市分会、大连国际商会主办，大连国商展览有限公司（　　）。企业登录大连进出口商品交易会（　　　），按照清单准备并提交申请材料，（　　　）通过，就可以获得参展（　　　）。本届交易会吸引了法国、波兰、俄罗斯、日本、韩国、蒙古、泰国、马来西亚、肯尼亚等40个国家和地区的知名企业（　　　），现场累计销售额达3.9亿元人民币，签订各类意向合同960余项，意向合作金额近10亿元。

课前准备

搜索广交会官网，回答下面的问题。
1. 最近一次广交会是什么时候举办的？线上还是线下？
2. 广交会进口展上有没有你们国家的参展企业和商品？
3. 广交会出口展上有没有适合出口到你们国家的商品？

第11课 我边介绍边给您演示

一 学习目标

1. 能在展会上用汉语向客户介绍产品。
2. 能回答客户咨询的问题并推进合作。

二 生词

1. 目录　mùlù　（名词）　catalog, table of contents

简单来说:"目录"就是按照顺序列出来的一系列事物名称,方便查找。

例句:这是今年的产品目录,您说的那款面膜已经停产了,不在目录里,您可以看看还有没有其他感兴趣的产品。

思考:产品目录一般包括哪些信息?

2. 随意　suíyì　（形容词）　at will

简单来说:"随意"就是完全根据自己的意思(做事情)。

例句:(1) 今天为各位接风洗尘,我代表公司全体员工敬大家一杯。大家一路辛苦,我干了,各位随意就好。

(2) 全场3折起,买一送一,免运费,多种款式可选,随意搭配。

思考:如果你在超市的食品试吃区做推销员,你会怎么说、怎么做?

3. 演示　　yǎnshì　　（动词）　　to demonstrate

简单来说："演示"就是把事物的发展过程显示出来，让人能够了解或者明白。

例句：这款机器人能够用于展厅、博物馆、医院、机场、银行、政务大厅、商场等，完成语音咨询、业务引导、消毒清洁等工作，我给您演示一下。

思考：推广什么类型的产品需要给客户演示？请举例说明。

4. 产物　　chǎnwù　　（名词）　　product, outcome

简单来说："产物"就是在一定条件下产生的事物、结果。

例句：电子发票是互联网时代电子商务发展的产物。

思考：移动互联网的发展带来了哪些产物？

5. 交互　　jiāohù　　（动词）　　to interact

简单来说："交互"就是交流互动，可能是人与人之间，也可能是人与物之间。

例句：第一代人机交互设备以 PC 为主，主要通过键盘、鼠标与机器交互。移动互联网时代，手机、平板等主要通过触屏方式进行交互。第三代将以语音、视觉等方式进行人机交互。

思考：语音、视觉等智能交互技术有哪些具体的应用？

6. 指令　　zhǐlìng　　（名词）　　instruction

简单来说："指令"指上级给下级的指示、命令，也可以指计算机中用来规定某种控制、操作的代码。

Voice control

Smart speaker

Smart speaker apps marketplace

例句：据统计，用户在家使用人工智能音箱时，发出最多的指令是"打开电视"等电视相关指令，其次是和音箱对话聊天类的指令，如"好无聊啊""我爱你"等。

思考：很多用户反映智能音箱听不懂自己的指令，作为产品开发人员，你认为应该如何进行优化？

7. 基于　　jīyú　　（介词）　　in view of

简单来说："基于"就是以……为基础/在……的基础上/根据……。

例句：基于大数据的购物推荐系统通过分析用户的历史记录，了解用户的喜好，从而主动为用户推荐其感兴趣的商品，满足用户的个性化需求。

思考：你知道哪些产品或服务是基于大数据分析提供的吗？

8. 物联网　　wùliánwǎng　　（名词）　　Internet of Things

简单来说："物联网"就是"物物相连的互联网"，Internet of Things，简称 IoT。

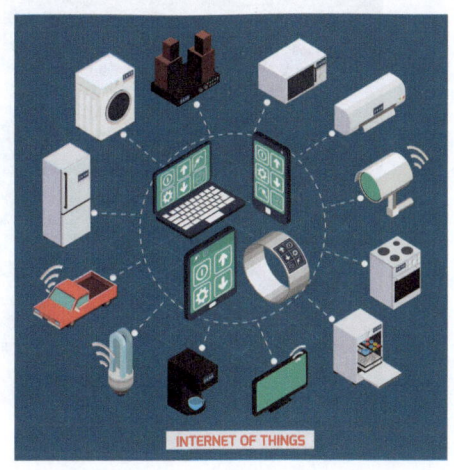

例句：物联网让人们可以与物交流，物与物也可以像人一样相互交流、传递信息。物联网技术在智能家居中应用广泛，如窗帘控制、灯光控制、家电控制、智能门锁等。

思考：上网查一查，物联网还能应用在哪些领域。

9. 接入　　jiērù　　（动词）　　to access

简单来说："接入"就是连接并进入。

例句：高德地图除了导航、打车之外，还接入了吃喝玩乐行等多种服务，如订酒店、买门票、加油、充电等。

思考：传统线下超市如何接入线上销售模式？

10. 人性化　　rénxìnghuà　　（动词）　　to humanize

简单来说："人性化"就是想办法使产品、服务或管理等符合人性发展的需求。如：人性化设计、人性化管理。

例句：由于交通拥堵，北京的上班族往往需要在上下班路上花费大量的时间。近年来，一些公司将上班时间调整到上午10：00，避开了早高峰，使上班族的早上有更充足的时间，非常人性化。

思考：请举例说明企业管理人性化的具体做法和效果。

11. 登录　　dēnglù　　（动词）　　to log in

简单来说："登录"指用户填写用户名和密码进入计算机操作系统，也指用户通过网络地址访问互联网上的页面和资源。

例句：有些网站的登录密码不分大小写，有些分大小写，输错了就登录不了了。
思考：你经常登录哪些网站或APP？登录时遇到过什么问题？

12. 云展厅　　yún zhǎntīng　　　　　　virtual exhibition hall

简单来说："云展厅"也叫线上展厅或虚拟展厅，指的是网络展厅，展厅在云服务器中，参观者上网登录后可以参观。

例句：本次展览将在线上举办，欢迎您登录网站实名注册，并进入我们的云展厅参观。

思考：你参观过云展厅吗？和传统的线下展厅相比，云展厅有什么特点？

13. 专场　　zhuānchǎng　　（名词）　　show of a particular variety

简单来说：课文中的"专场"指的是专门为某类产品或企业组织的活动。

例句：（1）广西商务厅联合越南工贸部在网上举办了2020年中国（广西）-越南商品网上交易会，设置了农产品专场、食品专场。

（2）一层是中秋节专场，都是月饼、茶、酒等适合作为中秋节礼物的商品，您可以逛一逛、选一选。

思考：交易会或展览会的专场通常是按照什么划分的？

14. 推介　　tuījiè　　（动词）　　to promote and introduce

简单来说："推介"就是推荐、介绍。

例句：由山东省商务厅主办、尼山国际承办的孔子家乡山东文化贸易推介交流会于2019年7月30日在洛杉矶隆重举行。

思考：如果让你为家乡做推介，你会推介什么？

15. 询盘　　xúnpán　　（动词）　　to inquire

简单来说："询盘"就是询价，一般是指买方或卖方向对方询问价格或其他交易条件，大多是买方主动向卖方发出询盘。

例句：（1）收到客户询盘后，应该多了解客户的情况和需求。回复客户的询盘时，一定要让对方觉得你很专业，这样才能取得客户的信任，更容易达成交易。

（2）对于一般的商品，应同时向不同地区、国家的厂商分别询盘，以了解国际市场行情，争取最佳贸易条件。

思考：怎样回复客户的询盘才能最大限度地抓住潜在客户？

16. 对接　　duìjiē　　（动词）　　to interface with

简单来说："对接"就是互相连接、互相联系起来。

例句：（1）山东省与南澳州将举办山东省－南澳州经贸对接会，南澳州130多家企业将与山东省的企业对接洽谈。经贸对接会分为综合组、酒水组和健康医疗组。

（2）中方企业选择合适的目标企业开展对接洽谈，为保证交流效果，建议有条件的企业自带翻译参加企业对接。

思考：作为业务员，和客户对接时需要注意哪些问题？

17. 投资　　tóuzī　　（动词）　　to invest

简单来说："投资"就是为达到一定目的而投入资金。如：投资5000万、投资建厂、投资人。

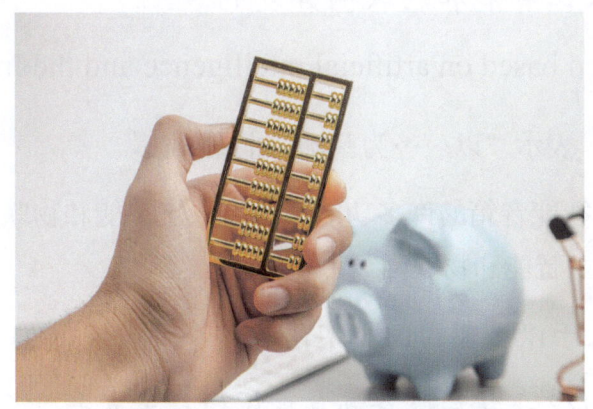

例句：许多企业为了追求利润最大化，以市场需求为导向，不断拓展业务领域，既从事生产制造，又从事商贸活动，还从事房地产投资、股票投资等。

思考：你们国家有哪些吸引外商投资的优惠政策？

 **常用表达**

1 不仅如此，您还可以训练它，让它越来越聪明，越来越懂您。

Besides this, you can also train it to make it more and more intelligent and understand you better.

"不仅如此，还……"表示不止这一个/些情况，还有别的情况。

课文中在"不仅如此"前提到了智能音箱的很多功能，后面用"还"补充了"可以训练它，让它越来越聪明，越来越懂您"的特点。

例：（1）城市及场馆间联动办赛，是这一阶段系列赛事的一大特点。不仅如此，从亚运村、亚运分村到训练场馆，都参与到了这一阶段的赛事运行中。

（2）与去年同期相比，11月份二手房销售量下降10.6%。不仅如此，二手房的销售价格也在下降。

2 这是基于人工智能和物联网开发的。

It's developed based on artificial intelligence and the Internet of Things.

"基于……"表示"以……为基础、根据……"。

课文中讲到智能音箱的许多功能都是以人工智能和物联网为基础开发出来的，所以说"基于人工智能和物联网"。

例：（1）基于以上理由，我不同意这个方案，我们需要另想办法。

（2）2022年售后服务满意度调研结果是基于28个品牌、54 953位新车购买者的评价得出的，被调查者购买新车的时间是从2021年9月至2022年5月。

3 没错，您总结得很到位。

Yes, you have summed it up quite well.

"您总结得很到位"用来肯定对方的总结性发言，是对他人的赞扬。"到位"在这里表示准确、精确。

类似的表述还有"您说得太对了""您总结得很准确""正如您所说的，……""正是您说的这样"等。

4 我们公司有专门的业务员和您精准对接，在线洽谈。

Our company has a special salesperson who will communicate and negotiate with you online.

这句话经常用在初步洽谈之后，初步洽谈后如果还需要进一步详谈，可以说这句话。"专门的"体现出业务员的专业性，"精准对接"表示有针对性的服务，"在线洽谈"说明了服务的便利性，这些表述都能让客户更放心。

四 测试题

一、朗读课文，注意语音语调。

二、判断题。

1. 讯达公司展台上放的是模型，不能体验。　　　　　　　　（　　）
2. 智能音箱是传统音箱升级的产物。　　　　　　　　　　　（　　）
3. 智能音箱可以订票、网购，但不能人机对话。　　　　　　（　　）
4. 通过训练，智能音箱可以越来越聪明。　　　　　　　　　（　　）
5. 智能音箱是基于人工智能和物联网研发的。　　　　　　　（　　）
6. 登录云展厅的专场推介会可以直接询盘或交易。　　　　　（　　）
7. 经理懂非洲当地语言，能跟肯尼亚客商详谈建厂事宜。　　（　　）

三、单选题。

1. 公司名称不能（　　）变更，如需变更，应向工商局提交相关资料申请办理名称变更，审核通过之后才能使用新名称。

   A 随意　　　　B 随性　　　　C 随手　　　　D 随着

2. 为了让客户更直观地感受这款无人机的性能，工作人员进行了飞行（　　），还让客户自己进行操作。

   A 提示　　　　B 启示　　　　C 显示　　　　D 演示

3. 计算机网络是通信技术和计算机相结合的（　　），使知识和信息的传播超越了时间和地域的限制。

   A 产品　　　　B 产物　　　　C 商品　　　　D 产生

4. 云展厅为客户和厂商提供了线上交流展示的平台，促成了客户与客户、客户与厂商、厂商与厂商之间的远距离（　　）。

   A 互相　　　　B 相互　　　　C 彼此　　　　D 交互

5. （　　）一些壁纸生产厂家在包装标识上标识不规范，比如产品标签正面无任何中文说明，仅在标签背面用小字注明生产厂名或根本不用中文标注厂名，消费者维权十分艰难。

   A 基于　　　　B 由于　　　　C 源于　　　　D 属于

6. 随着越来越多的国家使用人民币在对华贸易领域进行结算，当地银行对（　　）人民币跨境支付系统 CIPS 的兴趣日益增加。不少国家和地区的当地银行正在搭建人民币业务操作流程，为人民币业务落地做准备。

   A 接待　　　　B 接收　　　　C 接入　　　　D 接机

7. 今天下午成交的这笔新订单是这次展会期间成交最快的一单，从网上（　　）到电话沟通，再到邮件确认，4 小时就全部完成了。

   A 询盘　　　　B 盘问　　　　C 询查　　　　D 询问

8. 这个工业园区成立一年半以来，工程建设进展顺利，招商工作有序开展，先后与外商（　　）合同、协议、意向40多项，已签订合同、协议、意向28项，预计总投资 1.2 亿美元。

   A 商议　　　　B 接洽　　　　C 商量　　　　D 洽谈

四、请将下列词语填入合适的位置。

指令　　人性化　　到位　　专场　　推介

昨天看了小米电器的（　　）直播，直播介绍了各种小米产品，我马上下单了重点（　　）的小米扫地机器人T7。今天下午收到了T7，它的内外包装对产品的保护做得很（　　）。我在家里试了一下，256㎡的大房子，只要发出一个（　　），就能完成一次彻底的清扫，而且中途不用充电。清洁完成后，打开顶部的翻盖可以看到尘盒，尘盒采用透明的设计，方便看到里面的垃圾量，这是非常（　　）的一个设计细节。

课前准备

下面有三个问题，请你想一想、查一查，上课时和大家分享。

1. 中国对外开放的三大展会，除了广交会，还有哪两个？
2. 如果让你去逛展会，你会关注哪些行业、哪些产品？为什么？
3. 你参加过线上或线下的展会吗？展会上有哪些让你印象深刻的商品？

第12课 我们非常看重和中国公司的合作

 学习目标

1. 能在展销会上作为采购商询问产品相关信息。
2. 能在展销会上作为供应商与客户沟通并推介产品。
3. 能在展销会上收集所需产品资料并适当整理。

 生词

1. 智能制造　zhìnéng zhìzào　intelligent manufacturing

简单来说："智能制造"是基于新一代信息技术，在设计、生产、管理服务等制造活动中具有感知、分析、决策、执行、控制等功能的先进制造过程、系统与模式的总称。

例句： 在智能制造车间里，产品从原料到成品，不需要任何人工操作就能完成，自动化程度相当高，但处理自动化生产线上的各种难题还是得靠人。

第12课　我们非常看重和中国公司的合作

思考：你还知道哪些和"智能"有关的词语？

2. 首选　shǒuxuǎn　（动词）　to have (sb./sth.) as the first choice

简单来说："首选"就是首先选中、优先选择。

例句：（1）上海正加快推进全方位高水平对外开放，努力打造新时期外资首选地，营造国际一流投资环境。

（2）这款防晒霜不仅防晒效果好，而且不含酒精等化学物质，不会刺激皮肤，是夏季儿童防晒的首选产品。

思考：如果你做投资，会首选哪个行业？

3. 代工厂　dàigōngchǎng　（名词）　Original Equipment Manufacture (OEM)

简单来说："代工厂"就是代替别的公司加工产品的工厂。一些大的品牌公司自己不生产产品，让其他厂家生产，这些厂家就是代工厂。

例句：富士康（Foxconn）一直是苹果公司的代工厂，苹果公司的大部分手机订单都会交给富士康完成，二者合作已经二十余年。

思考：你们国家有没有代工厂？有哪些品牌的代工厂？

4. 自主　zìzhǔ　（动词）　to act on one's own, to be one's own master

简单来说："自主"就是自己做主，不受别人控制。如：独立自主、自主研发、自主创新能力、自主知识产权。

例句：（1）2015年11月2日，中国自主研制的C919大型客机在上海中国商飞公司总装下线。

（2）对于一个企业来说，只有提升自主创新能力，才能提高竞争力、实现持续发展。

思考：在你们国家，哪些企业的自主研发能力特别强？他们研发了什么产品或技术？

5. 免得　miǎnde　（连词）　so as to avoid

简单来说："免得"用在下半句话的开头，目的是让下半句话所说的情况不至于发生，也可以说"以免"。

例句：你每天都要上班，可以把快递、外卖的收货地址写成小区门口的便利店，让他们帮忙代收，免得东西到了人却不在家。

思考："冬吃萝卜夏吃姜，免得医生开药方"是什么意思？

127

6. 芯片　　xīnpiàn　　（名词）　　(electronic computer) chip

简单来说："芯片"就是包含有许多条门电路的集成电路，体积很小，是手机、电脑或其他电子设备的一部分，就像人的大脑一样，芯片是电子设备的"大脑"。

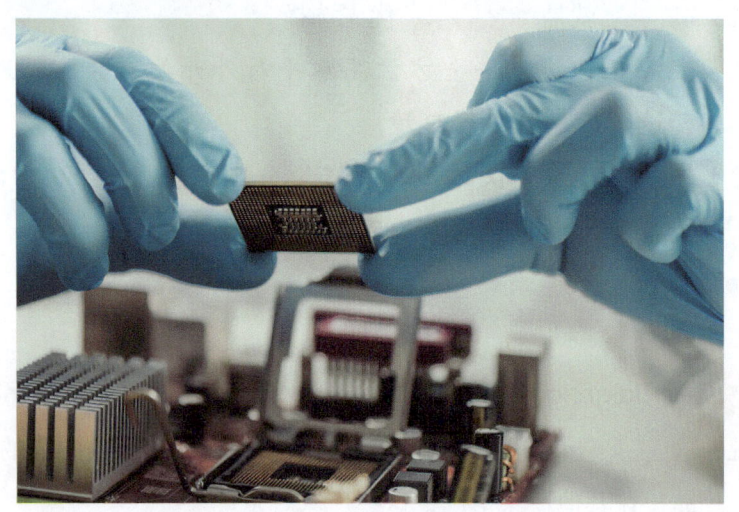

例句：在信息时代，电脑、手机、家电、汽车、高铁、医疗设备等各种电子产品和系统都离不开芯片。

思考：笔记本电脑的芯片最常用的有哪些品牌？

7. 受制于人　　shòuzhìyúrén　　（成语）　　to be controlled by others

简单来说："受制于人"就是被别人牵制、控制，自己处于不利的地位。

例句：为避免因为没有专利技术而受制于人，研发具有自主知识产权的芯片具有非常重要的意义。

思考：你的母语里有没有和"受制于人"意思相同或相近的词语？

第12课　我们非常看重和中国公司的合作

8. 现成　　xiànchéng　　（形容词）　　ready-made

简单来说："现成"就是已有的、已准备好的，可以直接出售、使用的。

例句：（1）现代人生活节奏快，很多家庭选择去面食店购买现成的主食，非常方便。
　　　（2）在产品开发过程中，用现成的零部件来组装更复杂的产品可以有效节约开发时间。

思考：生活中哪些东西以前需要自己做，现在去买现成的就可以了？

9. 组件　　zǔjiàn　　（名词）　　component unit

简单来说："组件"就是可以组成机器、设备等的部件或零件。

例句：波音747飞机上的450万个组件是由6个国家的1500家大企业和1.5万家小企业参与协作、分工生产出来的。

思考：智能手表和传统手表相比，哪些组件发生了变化？

10. 压缩　　yāsuō　　（动词）　　to reduce, to cut

简单来说："压缩"指减少人员、费用等，如压缩成本、压缩投资，也指加上压力让体积变小，如压缩饼干、压缩空气。

例句：一些餐饮、旅游、住宿、教育培训类的企业经营困难，部分企业想要通过降低员工工资来压缩人工成本，但要与员工协商一致才行。

思考：经济形势不好时，企业一般会先压缩哪方面的费用？

11. 产业　　chǎnyè　　（名词）　　industry

简单来说：课文中的"产业"是指构成国民经济的行业和部门。如：第一产业、第二产业、第三产业、高科技产业。

例句：在中国，第一产业主要指农业，第二产业指工业，第三产业指除了农业、工业之外的其他行业，包括运输业、商业、餐饮业、娱乐业、教育业等。

思考：在你们国家，第一、二、三产业的发展情况怎么样？

12. 参数　　cānshù　　（名词）　　parameter

简单来说："参数"就是一个数量，用来表示一种现象、装置或者设备工作过程中的某一种性质的量。

硬件参数	
CPU 工艺	7nm Euv
CPU 频率	2*A76@2.86Ghz+2* A76@2.36Ghz+4* A55 @1.95Ghz
GPU 型号	14 核 Mali-G76
存储类型	RAM: LPDDR5，ROM: UFS 3.1
RAM 容量	8GB
ROM 容量	128GB
电池容量	3800mAh
电池充电	33W 闪充

例句：消费者在选购手机时，经常会货比三家，对比不同品牌、不同型号的各项参数，比如手机屏幕的参数、CPU 的参数、摄像头的参数等，最终选出一款自己最满意的手机。

思考：你购买电子产品时会对比哪些参数？

13. 供货　　gōnghuò　　（动词）　　to supply commodity

简单来说："供货"就是提供商品、货物。如：供货厂商、按期供货、停止供货。

例句：（1）卖家按期供货，买家按时付款，这是市场交易的基本原则。

（2）讯达公司每个月都按时向供货厂商付款，与厂商建立了稳定的合作关系。

思考：你觉得供货方和采购方哪一方的工作相对容易一点儿？

第12课　我们非常看重和中国公司的合作

14. 热销　　rèxiāo　　（动词）　　to sell well, to be in great demand, to sell like hot cakes

简单来说："热销"就是产品很受欢迎，销售得很快。

例句：这款由一汽大众生产的 SUV 汽车是 2022 年的热销车型之一，自上市以来，销量已达 50 万辆。

思考：举例说说在你们国家热销的一两种中国商品。

15. 离岸价　　lí'ànjià　　（名词）　　free on board (FOB)

简单来说："离岸"是指离开口岸到境外、海外去，"离岸价"是指将货物运到装运港并装上指定的船只，将要离开口岸时的价格，包括离开港口前的各种成本费用，又叫"船上交货价格"。如果用船以外的运输工具，要特别说明一下，如"火车上交货价格""卡车上交货价格""飞机上交货价格"等。

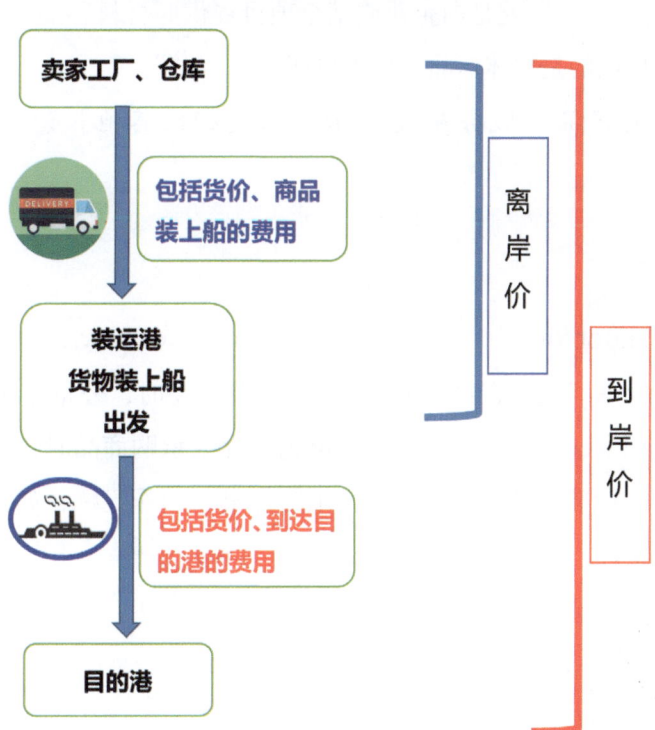

例句： 这款泰国茉莉香米出口到中国的离岸价是每公斤4元多，到杭州的零售价估计不会低于每公斤6元。

思考： "离岸价"中的"离"是指离开谁的口岸？

16. 到岸价　dào'ànjià　（名词）　cost, insurance and fright (CIF)

简单来说： "到岸价"指货物到达目的口岸、船上交货时的交货价格，包括货物价格、运费、保险费、单证费、报关费等。

例句： 如果合同上写的是到岸价，那么卖方必须将货物运送到目的港，并负责货物到港前的一切费用及风险，货物到港后在船上交给买方，完成交货。

思考： "到岸价"中的"到"是指到达谁的口岸？

17. 上报　shàngbào　（动词）　to report to a higher authority

简单来说： "上报"就是向上级报告。如：上报领导、上报主管部门。

例句： 作为普通员工，工作中哪些问题需要上报主管领导要看问题的大小和重要程度，上报时还要注意说话方式。

思考： 在工作中，遇到哪些问题需要及时上报？

18. 供应商　gōngyìngshāng　（名词）　supplier

简单来说： "供应商"就是向企业或某个项目提供原材料、设备或服务的单位或个人，如果提供的是实体产品，也可以叫"供货商"。

例句： 你们的产品和服务确实不错，但是相比其他供应商，你们的报价实在是太高了。

思考： 如果你想把你们国家的农产品卖到中国，应该去哪里找供货商？

19. 招标　zhāobiāo　（动词）　to invite tenders, to invite bids, to call for bids

简单来说： "招标"就是在兴建工程或进行商品交易时，公布标准和条件，招人承包或承买，如采购招标、设备招标。承包工程或承购商品时，承包人或买主按照招标公告的标准和条件提出价格，填写标书，叫作投标，如投标成功、投标失败、投标文件。

第12课　我们非常看重和中国公司的合作

例句： 招标单位要仔细考察投标单位的过往业绩、技术水平、产品价格、产品质量认证、售后服务等，选出最满意的合作伙伴。

思考： 上网查找一个你们国家的招标信息，了解一下具体情况。

专有名词

1. ISO9001 质量管理体系认证　ISO9001 Zhìliàng Guǎnlǐ Tǐxì Rènzhèng　ISO9001 Quality Management Systems Certification

简单来说："ISO9001 质量管理体系"是国际标准化组织制定的关于质量管理和质量保证方面的一系列标准，已被100多个国家和地区采用，是目前世界上最成熟的一套管理体系和标准。如果能通过 ISO9001 质量管理体系认证，说明该企业能够稳定地提供合格产品或服务，在国际贸易中值得信任。

例句： ISO9001 质量管理体系认证可以帮助企业提高管理水平和产品质量，降低生产成本，提高客户满意度，促进企业的国际化发展。

2. CE 认证　CE Rènzhèng　CE Marking

简单来说："CE 认证"是欧盟20多个国家统一的一种安全认证标识，产品要在欧洲市场流通，就必须办理 CE 认证，加贴 CE 认证标识。

例句： 欧盟的法律规定，CE 标识属于强制性认证标识，不论是欧盟内部的企业生产的产品，还是其他国家生产的产品，想进入欧盟市场就必须通过 CE 认证。

 常用表达

1 技多不压身。

More skills never hurt.

"技多不压身"的字面意思是人掌握的技能越多越好，不会对自身造成压力，实际指的是人要多学一些技能，多掌握一些本领，增强自己的生存能力，这对工作和生活都有好处，也说"艺多不压身"。

例：这是一个快速变化的社会，任何技能都不可能让你享受一辈子，所以年轻的时候，要努力多学新技能，毕竟技多不压身。

2 货比三家，二位看得怎么样了？

Compare deals when you buy. How do you like it?

"货比三家"的意思是同样的货品要对比多个卖家后再决定购买。在采购或交易时，不能只看一家的商品，同类商品要多观察、多比较，选择性价比高的。

3 恕我直言，既然咱们是自主研发，为什么不连摄像头也一起研发呢？

With all due respect, since we are developing on our own, why not develop cameras as well?

"恕"是原谅的意思，"恕我直言"的字面意思是"请原谅我直接地说一些话"，一般用在直接说出看法或建议之前。中国人更喜欢委婉的表达方式，有时候直接表达可能会伤害到对方，所以要先说一句"恕我直言"，请对方原谅自己的直接。

例：（1）恕我直言，你们市场部给出的"双十一"产品促销方案根本没法实行。

（2）恕我直言，贵公司提供的新产品设计方案没有达到我们的预期效果。

4 中国的无人机品牌之所以能占领世界市场，主要是因为使用了大量现成的小组件，最大程度压缩了研发成本，降低了成品价格。

The main reason why Chinese UAV brands can occupy the world market is that they use a large number of ready-made components, which minimizes the cost of research and development and reduces the price of finished products.

"之所以……是因为……"表示因果关系，先说结果，后说原因，"之所以"后边是结果，"是因为"后边是原因。

例：（1）新产品之所以热销，主要是因为研发部做了大量的市场调查，准确把握了消费者的喜好。

（2）小米创始人曾说，小米之所以能成功，是因为他反复研究过三家企业：一是同仁堂药业，要用真材实料；二是海底捞餐饮，相信口碑的力量；三是沃尔玛百货，追求低毛利、高效率。

5 知己知彼嘛。

Know yourself and your enemy.

这句话本来是"知彼知己，百战不殆"，也可以只说"知己知彼"，意思是如果能清楚地了解自己和对方的情况，在战争中就不会失败，现在常用来描述在商业竞争中对双方情况都充分了解才能成功。

例：（1）在国际贸易中，必须熟悉对方国家的贸易规则，才能做到知己知彼，百战不殆。

（2）在产品研发过程中，必须广泛了解市场上同类产品的优缺点，做到知己知彼，才能保证新产品的销量。

 测试题

一、朗读课文，注意语音语调。

二、判断题。

1. 孟安诺想多学习一些智能制造的相关知识。　　　　　　　　（　　）
2. 日本摄像头品牌卡尼的知名度挺高的。　　　　　　　　　　（　　）
3. 中国厂商的摄像头三年前就通过了欧盟 CE 认证。　　　　　（　　）
4. 韩国厂商以前没有自有品牌，给卡尼做代工。　　　　　　　（　　）
5. 韩国厂商和大飞科技签订了五年的供货合同。　　　　　　　（　　）
6. 大飞科技的热销款用的是中国厂商的摄像头。　　　　　　　（　　）
7. 刘文也决定采购韩国厂商的摄像头。　　　　　　　　　　　（　　）

三、单选题。

1. 以前开办一个新公司平均需要 22.9 天，实行企业登记网上办理后，开办时间已经被（　　）到 8.5 天了。
   A 压缩　　　　B 压力　　　　C 免得　　　　D 上报

2. 中国美国商会发布白皮书称，中国仍是美国企业的（　　）市场，83% 的企业报告称没有将制造或采购转移出中国的打算。
   A 首选　　　　B 优选　　　　C 首要　　　　D 首先

3. 高新技术（　　）是以高新技术为基础，从事一种或多种高新技术及其产品的研究、开发、生产和服务的企业集合，主要分布在信息技术、生物技术、新材料技术三大领域。
   A 产业　　　　B 产品　　　　C 业务　　　　D 生产

第12课　我们非常看重和中国公司的合作

4. 富士康集团近年来一直致力于开发（　　）品牌，提高企业的研发能力，想要摘掉"代工厂"这项帽子。

　　A 自由　　　　B 自主　　　　C 热销　　　　D 首选

5. 越来越多的企业开始用直播带货的方式提高产品销量，但（　　），不是所有的产品都适合直播带货，比如单价高、溢价高的房子、汽车、奢侈品等。

　　A 受制于人　　B 恕我直言　　C 货比三家　　D 知己知彼

6. （　　）是一种市场交易活动，是以最合理的方式获得最优的货物、工程和服务，买方是招标方，卖方是投标方。

　　A 投标　　　　B 招标　　　　C 招商　　　　D 供货

7. 新岸线公司技术副总裁曾在多个场合强调："掌握核心技术才能不（　　），尤其是在新技术领域，谁有核心技术谁就能迅速占领制高点。"

　　A 受制于人　　B 良莠不齐　　C 百战百胜　　D 事半功倍

四、请将下列词语填入合适的位置。

　　自主　　认证　　成品　　代工厂　　热销

（　　）富士康的转型之路

　　近日，富士康发布了一款（　　）研发的智能手表，该产品可以与iPhone无线连接，以显示来电和Facebook信息，还可以监测用户的心率、呼吸频率和其他生命体征。这款智能手表已经通过了多国质量（　　），上市以后得到了各国消费者的青睐，成为市面上的（　　）产品。11月24日，10.2万只智能手表（　　）在成都海关顺利出口，货值1.6亿元。

课前准备

在网上搜索相关信息,上课时说一说:

1. 产品认证指的是什么?你见过哪些产品认证标识?
2. 你逛过展会吗?你知道哪些经贸相关的展会?
3. 在展会上考察产品或合作公司,你认为应该考察哪些方面?

第13课　欢迎你参加今天的面试

 **学习目标**

1. 能制作并投递中文求职简历。
2. 能在应聘面试时做到表达得体。

 **生词**

1. 素质　sùzhì　（名词）　quality

简单来说："素质"就是一个人在社会生活中思想与行为的具体表现，一般指身体的健康程度、受教育程度、智商、情商、学习能力、工作能力等的综合体现。如：身体素质、心理素质、综合素质、高素质人才。

例句：身在职场，你是否了解商务场合的着装要求？你是否熟悉商务会谈的座次安排？你是否知道商务宴请的流程？你是否知道进出电梯、上下车、握手、会谈等具体应该怎么做？这些商务礼仪，看似小事，却体现了一个人的综合素质，其中的细节也可能决定商务活动的成败。

思考：请你谈谈对"高素质国际商务人才"的理解。

2. 测评　cèpíng　（动词）　to assess

简单来说："测评"就是用一定的标准进行测试、评价。如：素质测评、产品测评。

例句：这是一个专门做电子产品测评的网站，测评的产品种类丰富，包括手机、电脑、相机、家电、汽车、软件、智能家居等，测评报告形式多样，有文字有视频，对了解产品性能有很大帮助。

思考：你购买比较贵的商品前会参考一些专业的使用测评吗？

3. 历练　lìliàn　（动词）　to experience and toughen

简单来说："历练"就是经历和锻炼，指经历过很多困难和挑战后，得到了锻炼，变得很有能力。如：历练成长。

例句：（1）当年他还是个什么都不懂的毕业生，经过这几年的历练，已经成为经验丰富的产品经理了。

（2）经过十年的历练，她从一个外行成长为国际科技协会的谈判专家了。

思考：说说"历练"和"锻炼"的区别。

4. 活力　huólì　（名词）　vigour, vitality, energy

简单来说："活力"就是旺盛的生命力，常用来比喻发展较快、较好的事物。

例句：（1）在球场上奔跑的球员个个充满了青春的活力。

（2）近几年旅游业的发展激发了这个古老小镇的经济活力，也带动了乡村振兴发展。

第13课　欢迎你参加今天的面试

思考：当你疲惫的时候，做什么能给你带来活力？

5. 领军　　　lǐngjūn　　　（动词）　　　to play a leading role

简单来说："领军"指率领军队，也指在某个行业或集体中起领头作用。如：领军者、领军人物、领军企业。

例句：（1）柯达公司曾经是世界上最大的影像产品及相关服务的生产商和供应商，是全球摄影领域的领军企业。

（2）作为中国乳业的领军企业，伊利集团始终坚持以品质为本，致力于打造具有全球影响力的中国品牌。

思考：谈谈你们国家某个行业的领军企业或领军人物。

6. 回馈　　　huíkuì　　　（动词）　　　to repay, to give back

简单来说："回馈"就是回赠、回报。如：回馈社会、回馈消费者、回馈新老客户、感恩大回馈、真情回馈。

例句：（1）周四是这家蛋糕店的会员日，为回馈新老顾客，所有蛋糕打8折。

（2）京东数码类产品感恩大回馈，多款商品满4999元减500元，快来选购吧！

思考：商家回馈消费者的方式一般有哪些？

7. 履行　　　lǚxíng　　　（动词）　　　to perform, to fulfill, to implement

简单来说："履行"就是实践（自己答应做的或应该做的事）。如：履行承诺、履行合同、履行手续、履行职责。

例句：（1）由于商家没有履行下单后24小时内发货的承诺，很多订单被取消了。

（2）甲乙双方都应该认真履行合同，按合同条款的具体约定执行。

思考：如果和你签订合同的人或企业没有履行合同，你可以怎么做？

8. 获益　huòyì　（动词）　to benefit from, to get a profit

简单来说："获益"就是获得好处。如：从……中获益、从中获益、获益良多。"获益匪浅"指收获很大。

例句：（1）全球化促进了世界经济的发展，但并不是所有行业都能从全球化中获益。

（2）为期三天的信息技术交流大会圆满结束了，参会人员纷纷表示这次会议让人获益匪浅。

思考：说一说普通人在科技进步中的获益情况。

9. 团结　tuánjié　（形容词/动词）　united; to unite

简单来说："团结"是指为了集中力量实现共同理想或完成共同任务而联合起来，中国人常说："团结就是力量！"

例句：领导层是企业的核心，如果一个企业的领导层内部不团结，必然会影响到全体员工。

思考：（1）如果你是一个管理者，你觉得可以怎样促进员工的团结？

（2）"团结"和"团圆"有什么不同？

10. 契合　qìhé　（动词）　to agree with, to tally with

简单来说："契合"就是非常符合。如：契合……理念、契合……主题、契合……价值观。

例句：（1）"一带一路"是合作共赢、共同发展之路，契合了中国自古以来"天下大同"的理念。

（2）"一带一路"倡议的合作理念与中非合作的

本质特征高度契合，中国愿同非洲国家共同推进基础设施建设、贸易投资等领域的合作，促进非洲发展，更好地造福中非人民。

思考：你学过的中文表达中，你觉得哪句话最有道理？哪句话最契合你的观点？

11. 前景　qiánjǐng　（名词）　prospect

简单来说："前景"就是将要出现的事情或状况。如：发展前景、就业前景、行业前景。

例句：智能机器人行业是未来十年最有前景的十大行业之一。

思考：你认为你们国家未来最有发展前景的领域或行业有哪些？

12. 终端　zhōngduān　（名词）　terminal

简单来说："终端"指的是连接在网络上的、供用户直接使用的设备，如 PC（个人电脑）、手机、POS 机等。

例句：（1）《传播创新蓝皮书：中国传播创新研究报告（2018）》指出，手机端已经取代 PC 端成为最重要的上网终端。
（2）终端类型日益增多，终端安全成为网络安全领域新的焦点。终端安全主要包括数据安全、账户安全、连接安全等。

思考："中国 5G 终端连接数占全球 80% 以上"，这里的"终端"包括什么？

13. 遍及　biànjí　（动词）　to extend all over, to reach every place

简单来说："遍及"就是普遍地达到。

例句：（1）这个品牌的汽车服务中心遍及 20 多个省份。
（2）澳柯玛冰箱的销售网络以欧美、非洲、东南亚、东亚和中东市场为主，遍及 100 多个国家和地区。

思考：你们国家比较有名的产品销售遍及哪些国家和地区？

14. 依托　yītuō　（动词）　to rely on, to depend on

简单来说："依托"是依靠、凭借的意思，依托的一般是技术、组织、团队、项目等。

例句：（1）大连市充分依托10万亩大樱桃产业基地发展乡村旅游，很多外国游客节假日期间前往生态园采摘大樱桃。

（2）中国铁路依托12306网站、手机APP、自助售取检票等技术设备，不断提高服务的智能化、信息化水平。

思考：你们国家的经济发展主要依托哪些资源或产业？

15. 云服务　yún fúwù　cloud services

简单来说："云"指网络、互联网，是一种比喻的说法。"云服务"指将所需的软硬件、资料都放到网络上，在任何时间、地点使用不同的设备连接，实现数据存取、运算等目的。此外还有：云平台（cloud platform）、云计算（cloud computing）、云存储（cloud storage）、云旅游（cloud tourism）。云旅游就是不去旅游景点而是通过上网看直播等方式游览景点。

例句：（1）百度网盘是百度推出的一项云存储服务，用户可以将自己的文件上传到网盘，并随时随地使用不同的电脑、平板或手机查看和分享。

（2）iCloud是一款云存储服务，为使用iPad、iPhone等设备的用户提供5GB免费存储空间。

思考：你常用的云服务有哪些？

16. 布局　bùjú　（动词/名词）　to distribute; layout

简单来说："布局"做动词的意思是对事物的结构等进行全面规划和安排，如慎重布局、布局合理；做名词的意思是分布的格局，如工业布局、产业布局、调整布局。

例句：（1）面对5G时代给视频行业带来的巨大发展机遇，爱奇艺将在高新视频、互动、游戏、AI、内容制作和创作等六大领域**布局**，迎接新的机遇与挑战。

（2）2017年，已经在房地产领域发展了20多年的龙湖集团推出长租公寓产品，短短一年时间，已**布局**16个城市，拥有1.5万个房间。

思考：如果在一个城市开连锁快餐店，应该如何布局？

17. 趋势　　qūshì　　　　（名词）　　　　tendency

简单来说："趋势"就是事物发展的大方向。如：发展趋势、必然趋势、市场趋势、消费趋势、上涨趋势、下降趋势。

例句：（1）越来越多的人接受高层次教育是教育发展的必然**趋势**。

（2）国际社会应当顺应信息化、数字化、网络化、智能化发展**趋势**，抓住机遇，应对挑战，让数字文明造福各国人民。

思考：在你们国家，零售业发展的大趋势是什么？

18. 竞聘　　jìngpìn　　　　（动词）　　　　to compete for a post

简单来说："竞聘"指通过竞争争取得到聘任。

例句：昨天在上海体育场举办的招聘会吸引了384家教育单位前来招聘，1万余人**竞聘**2000多个教师岗位。

思考： 在你们国家，竞聘最激烈的工作岗位有哪些？

19. 管培生　　guǎnpéishēng　　（名词）　　management trainee

简单来说： "管培生"就是管理培训生，是一些大企业自主培养企业中高级管理人员的人才计划。

例句： 管培生的招聘对象一般是毕业三年之内的大学生，主要是应届毕业生。管培生在公司不同部门实习并了解整个公司的运作流程后，公司会根据他们的专长安排职务，最后一般会担任部门负责人或分公司负责人。

思考： 在你们国家，哪些企业会招聘管培生？

20. 岗位　　gǎngwèi　　（名词）　　post, position

简单来说： "岗位"指职位。如：工作岗位、岗位职责、应聘……岗位。

例句： 总经理的岗位职责是主持公司的日常生产经营管理、负责公司的机构设置和人员编制，以及向董事会报告公司的经营情况。

思考： 你现在的工作岗位是什么？你将来想从事什么岗位的工作？

21. 拓展　　tuòzhǎn　　（动词）　　to expand

简单来说： "拓展"就是开拓、发展，在原有基础上增加新的内容。如：拓展市场、拓展新业务。

例句： （1）王总在公司年度大会上提出，市场部明年的主要任务是拓展拉丁美洲市场。

（2）中国已经成为阿拉伯国家第一大贸易伙伴国，双方合作潜力巨大，未来中阿两国将拓展数字经济、新能源、人工智能等合作新领域。

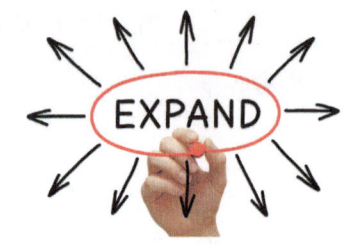

思考： 上网查一查，你们国家未来五年将要在哪些领域拓展和中国的合作。

22. 小程序　　xiǎochéngxù　　（名词）　　applet

简单来说： "小程序"是一种不需要下载，不需要安装就能在主程序里边使用的APP。如微信作为主程序，里边可以搜索到很多小程序，如乘车码、购物平台、电影预订、天气预报等。

第13课　欢迎你参加今天的面试

例句：（1）2017年1月9日0点，微信第一批小程序正式上线，用户可以直接使用各种各样的微信小程序来满足自己的需求，不再需要下载各种APP。

（2）用微信搜索"打车"，搜索页面会出现好几个打车小程序，用户可以使用这些小程序快速打车。

思考：你用过哪些小程序？这些小程序分别是做什么用的？好用吗？

 **常用表达**

1　在校期间我的综合素质测评排名第一，多次获得奖学金。

I ranked first in the comprehensive quality assessment at school and won scholarships many times.

　　招聘面试时，如果是毕业后第一次就业，用人单位经常会询问应聘者在校期间的成绩，如果你的成绩不错，排名比较好，或者获得过奖励等，可以用这样的句子表达出来。

2 但我最看重的其实是讯达的企业文化——学习、创新、获益、团结，这非常契合我的价值追求。

But what I value most is the corporate culture of Xunda — learning, innovation, gaining and solidarity, which is perfectly in line with my value pursuit.

招聘面试中，在回答选择这家公司的原因时，为了展现你对应聘企业的了解，不妨谈一谈"企业文化"这个话题，表现出你对这家公司企业文化的理解和认同，这常常会获得对方的好感。

3 以上就是我选择讯达的理由。

These are the reasons why I choose Xunda.

"以上就是……"一般用在介绍情况、说明理由、做报告等情境中，用于总结前面的发言，表示发言的结束。

课文中孟安诺先说了很多"选择讯达的理由"，然后用"以上就是……"来总结，同时表示发言结束。

例：各位观众朋友，以上就是今天节目的全部内容，感谢您的收看，我们下期再见。

4 面试到此结束，请通过招聘小程序查看结果，或者等电话通知。

This is the end of the interview. Please check the result through the recruitment applet, or wait for the phone notification.

"……到此结束"常作为某项工作或活动结束时的用语。

例：今天的会议到此结束。

5 如果被录用，之后我们还会给你发送正式的录用文件。

If hired, we will send you the formal employment documents later.

招聘面试结束后，工作人员一般会告知应聘者查看结果的方式，可能是关注小程序或等电话通知，如果被录用，通常还会收到正式的录用文件。

四 测试题

一、朗读课文，注意语音语调。

二、判断题。

1. 孟安诺正在应聘华为公司的实习岗位。（ ）
2. 孟安诺在招聘考试中排名第一。（ ）
3. 讯达公司是中国通信行业的龙头企业。（ ）
4. 孟安诺非常认同讯达公司的企业文化。（ ）
5. 最近两年讯达公司已经在全球实现了云服务布局。（ ）
6. 跨文化沟通能力强是孟安诺求职的一大优势。（ ）
7. 孟安诺可以通过多种方式了解面试结果。（ ）

三、单选题。

1. 人才（　　）是通过一系列科学的手段和方法对人的基本素质及其绩效进行测量和评定的活动，并将其应用在组织发展与人才管理等企业管理领域。
   A 测评　　　　B 测验　　　　C 历练　　　　D 布局

2. 大型企业的管培生通过定期培训、跨部门轮岗、内部导师指导、和管理层交流等能够快速提升管理技能和专业素质，在三到五年内（　　）成长为优秀人才，发挥骨干作用。
   A 经历　　　　B 变更　　　　C 履行　　　　D 历练

3. 近年来，广西着力打造千亿元茶产业，六堡茶被定位为全区茶产业发展的（　　）产品和核心品牌。
   A 领军　　　　B 领袖　　　　C 前景　　　　D 活力

4. 2022年米粉节感恩（　　），小米手环6、Redmi Buds 3耳机、小米手表S1将于4月6日0点爆款5折秒杀，大家可以前往小米天猫官方旗舰店选购。
   A 反馈　　　　B 回馈　　　　C 获益　　　　D 回报

5. 职业责任规定了从业人员职业行为的具体内容，能否（　　）职业责任，是一个职业工作者是否称职、能否胜任本职工作的根本问题。

　　A 承办　　　　B 契合　　　　C 履行　　　　D 团结

6. 农业、工业、服务业将（　　）5G 实现产业结构升级，成为智能农业、工业智造、智能商务，并创造出规模经济效益。

　　A 根据　　　　B 依据　　　　C 依附　　　　D 依托

7. 2020 年 8 月 25 日下午，腾讯首次对外公布了 5G 和物联网领域的（　　），以及其在 5G 领域尝试的业务。除腾讯之外，阿里巴巴、华为等公司也在布局 5G 和物联网。

　　A 布置　　　　B 遍及　　　　C 布展　　　　D 布局

8. 对于国内很多消费者来说，中国国际进口博览会是一个丰富购物选择、降低采购成本的绝佳窗口；对于中外企业客商来说，中国国际进口博览会则是（　　）业务、扩大合作的绝佳舞台。

　　A 展现　　　　B 拟订　　　　C 拓展　　　　D 竞聘

四、请将下列词语填入合适的位置。

岗位　　契合　　竞聘　　素质　　前景

　　毕业生应该选择管培生（　　）吗？管培生是管理培训生的简称，是一些大企业自主培养中高层管理人员的人才储备计划，培养对象主要是应届毕业生。管培生一般得具备高（　　）、高能力，最好是复合型人才。管培生可以接触到领导层，受到更多关注，管培结束后（　　）正式岗位时，更有优势。现在的管培生项目名目繁杂，有的把职业（　　）描述得非常好，但实际上不一定，求职时要尽量选择大公司，还要看该公司的文化是否（　　）自己的价值观。

第13课　欢迎你参加今天的面试

课前准备

根据自身情况和你的了解，上课时说一说：

1. 应聘前一般需要做哪些准备？
2. 面试时，面试官一般会问哪些问题？
3. 你认为自己最大的求职优势是什么？

第14课　我一定会加倍努力的

学习目标

> 1. 能得体地接听录用电话，并和工作单位签订劳动合同。
> 2. 能准确得体地询问工作安排，并恰当表达自己的职业愿景。

生词

1. 携带　xiédài　（动词）　to carry

简单来说："携带"就是随身带着。

例句：（1）乘坐飞机时，禁止携带打火机、火柴等物品。

（2）参观过程中，请您保管好个人物品，手机、电脑等贵重物品请随身携带，避免遗失。

思考：在你们国家，乘坐火车时哪些物品是禁止携带的？

2. 原件　yuánjiàn　（名词）　original copy

简单来说："原件"就是原来的、没有改动或变动过的文件或物件，是复印件、复制品制作的依据。

第14课　我一定会加倍努力的

例句：求职应聘时，用人单位可能会查看身份证、毕业证、职业资格证书的原件，如果需要留存，给他们复印件就可以，原件一定要记得拿回来。

思考：在你们国家，办理什么事情时要带证书或文件的原件？

3. 免冠　miǎnguān　（动词）　to take one's hat off

简单来说："免冠"就是不戴帽子。

例句：免冠照片就是不戴帽子拍的照片，一般在制作身份证、学生证、工作证等证件时需要使用。

思考：在你们国家，什么时候需要用免冠正面照片？

4. 以便　yǐbiàn　（连词）　so that, in order to

简单来说："以便"用在下半句话前，表示使下边所说的目的容易实现。

例句：面试官一般会先让你做个自我介绍，一方面是了解基本情况，另一方面也是趁应聘者介绍的时候快速看一下简历，以便根据应聘者的情况进一步提问。

思考：去应聘时一般需要携带哪些材料，以便招聘方查看？

5. 一致　yízhì　（副词/形容词）　together; unanimous

简单来说："一致"做副词的意思是一同、一齐，做形容词的意思是没有不同。如：一致认为……、观点一致。

例句：（1）这家公司被消费者投诉的理由是实际产品与广告宣传不一致。

（2）我们已经在价格问题上达成了一致，后天就可以签合同了。

思考：你见过广告宣传和商品说明书不一致的情况吗？具体是什么情况？

6. 分配　fēnpèi　（动词）　to assign, to allot

简单来说："分配"就是安排、分派（工作、任务等）。

例句：（1）李明学的是国际贸易专业，进入公司后，他被分配到市场部工作。

（2）对于团队管理者来说，在分配工作任务时，可以借助一些团队协作软件将任务具体分配到每个人，这样团队成员才能明确自己的工作职责。

思考：你平时的时间都是怎么分配的？学习、休息、娱乐、工作等各占多少？

7. 轮岗　lúngǎng　（动词）　to rotate jobs

简单来说："轮岗"就是轮换工作岗位。

例句： 北电网络公司注重员工的职业发展，让员工轮岗是一个重要方法。轮岗能让员工对工作保持兴趣，使员工从只能做一项工作转变为能做多项工作。

思考： 你觉得轮岗制度有哪些优点和缺点？

8. 补贴　bǔtiē　（名词）　subsidy, allowance

简单来说： "补贴"就是贴补的费用，如公司给员工的交通补贴、租房补贴、差旅补贴等。

例句：（1）炎热的夏季，企业为员工发放了高温补贴，以便员工购买防暑降温产品，保证员工身体健康。

（2）为鼓励大学生创业，宁波市出台了《关于进一步推进大学生自主创业的通知》，符合条件的自主创业大学生能享受一次性创业补贴、创业社保补贴、场租补贴等多种补贴。

思考： 在你们国家，公司会给员工哪些补贴？

9. 缴纳　jiǎonà　（动词）　to pay (social security, etc.)

简单来说： "缴纳"就是交纳，就是交社会保险或税收等费用，一般是履行义务或强制交付。如：缴纳社保、缴纳税款。

例句： 职工的养老保险、医疗保险和失业保险由企业和个人共同缴纳保费，工伤保险和生育保险完全由企业承担，个人不需要缴纳，缴费的比例和标准由工作单位所在地区的社保局规定。

思考： 在你们国家，用人单位必须给员工缴纳哪些费用？

10. 待遇　dàiyù　（名词）　treatment

简单来说："待遇"就是工资福利、物质报酬。

例句：这家公司销售导购的待遇包含：基本工资、交通补贴、食宿补贴、话费补贴、五险一金、奖金提成。

思考：在你们国家，哪些行业或岗位的待遇比较好？

11. 制度　zhìdù　（名词）　system, regulation

简单来说："制度"就是要求大家共同遵守的办事规定、流程、标准、原则。

例句：（1）政府规定，各级各类学校必须严格遵守安全管理制度，保证学生的安全。

（2）这家公司虽不是业界最大的公司，但福利和薪资制度一直都不错，所以每年都有不少人前来应聘。

思考：你最想去的那家公司的职级管理制度是怎样的？

12. 浓厚　nónghòu　（形容词）　dense, strong

简单来说："浓厚"指（色彩、意识、气氛）重，也指（兴趣）大。如：浓厚的学习气氛、浓厚的兴趣。

例句：（1）这个商铺的地段好，周边商业氛围也浓厚，非常适合流行服饰店、特色美食店租用。

（2）参加会谈的企业家们对在保险、建筑、生命工程和民用航空等领域的合作表现出了浓厚的兴趣。

思考：商业氛围浓厚的地方一般是什么样的？

13. 氛围　fēnwéi　（名词）　atmosphere

简单来说："氛围"就是周围的气氛和感觉。

例句：（1）春节期间，大街小巷到处都能感受到浓厚的节日氛围。

（2）一条设计成功的商业步行街，不仅要考虑到商业氛围，也要考虑到休闲氛围，毕竟多数人逛街是为了放松。

思考：你喜欢什么样的工作氛围？

14. 考核　　kǎohé　　（动词）　　to assess, to examine

简单来说："考核"就是考查审核。

例句：为确保物料采购质量，公司需要对供应商进行考察、评价，在考察通过后，列入"合格供应商名单"并进行定期考核。

思考：一般来说，公司会从哪些方面考核员工？

15. 福利　　fúlì　　（名词）　　welfare, well-being

简单来说："福利"就是生活上的利益，特别是对职工生活方面的照顾，一般表现为带薪休假、节日礼物、打车补贴等。

例句：据说中国移动公司的福利相当好，有交通补贴、通信补贴、餐补、房补等，春节、国庆节还有过节费。

思考：在你们国家，哪些行业的福利待遇比较好？

16. 保密　　bǎomì　　（动词）　　to keep (sth.) secret

简单来说："保密"就是保守秘密，不把秘密说出去，反义词是泄密。如：保密规定、保密协议、保密单位。

例句：电脑里的重要文件可以加上密码，设置成保密文件，这样别人就不能随便查看了。

思考：根据你的了解，公司里哪些信息需要保密？

17. 协议　　xiéyì　　（名词）　　agreement

简单来说："协议"就是经过谈判、协商后取得的一致意见。如：合作协议、投资协议、协议书。

例句：大型公司或上市公司的大股东，一般会在婚前用书面协议的形式对夫妻共同财产的处理、分配做出明确约定。

思考：上网查一查，你们国家或地区跟中国在经济贸易方面签过哪些重要协议。

 **常用表达**

1 很荣幸能成为讯达的一员。

I am honored to be a member of Xunda.

"很荣幸能……""……，我感到很荣幸"或者"能……是我的荣幸"表示能这样自己很光荣、很幸运，是谦虚、客气的说法，一般用作致辞或发言的开头，也可以用来回应对方的赞美、祝贺、夸奖等。

在本课中，雷宏对孟安诺顺利通过招聘考试表示了祝贺，孟安诺用这句话谦虚地回应，也表现出他对讯达公司的认可。

2 我先跟你说一下情况。

Let me tell you the situation first.

"我先跟你说一下情况"一般用在较长的解释或说明的开头，从而引起听话人的注意。当对方说这句话时，听话者最好不要打断或讨论，可以在说话人的说明完成后，再进行提问。

在本课中，雷宏作为接待孟安诺报到的工作人员，需要给孟安诺说明入职情况，所以用了这句话作为开头。

3 谢谢领导们的肯定，我一定会加倍努力的。

Thank you for your affirmation. I will redouble my efforts.

当上级领导赞美或表扬你时，你可以回应"谢谢您的肯定"或"这是我应该做的"，也可以再补充一句"我一定更努力"或"我一定再接再厉"等。

在本课中，雷宏表扬了孟安诺在面试中的出色表现，赞扬了孟安诺的能力，孟安诺用这句话谦虚地回应。

4 其实对我来说，待遇不是最重要的，我更看重的是在讯达的职业发展前景。

As a matter of fact, salary is not the most important to me. What I value more is the career development prospects in Xunda.

应聘时，你想表明自己最重视哪个方面，可以说"其实对我来说，……不是最重要的，我更看重的是……"。

其他场合也可以用这样的句式。比如在讨论运动话题时你可以说"其实对我来说，减肥不是最重要的，我更享受的是运动带给我的快乐"；讨论考勤制度时，你可以说"其实对我们公司来说，按时上下班不是最重要的，我们更看重的是工作效率"。

5 这是劳动合同和保密协议，一式两份。

This is the labor contract and confidentiality agreement in duplicate.

在签订合同时，一般是同样的合同签订两份，合作双方各保存一份。在商务合作中，如果是多方合作，也可以一式多份，这是根据签订合同者的数量决定的。

在本课中，合同和保密协议的签订者是讯达公司和孟安诺，所以是一式两份。

四 测试题

一、朗读课文，注意语音语调。

二、判断题。

1. 雷宏是讯达公司市场部的一名员工。　　　　　　　　　　（　　）
2. 孟安诺只通过了面试和综合评定。　　　　　　　　　　　（　　）
3. 报到时只需携带毕业证原件和复印件。　　　　　　　　　（　　）
4. 管培期间，孟安诺有可能被派到海外工作。　　　　　　　（　　）
5. 孟安诺会先去综合事务部，再去别的部门轮岗。　　　　　（　　）
6. 比起待遇，孟安诺更看重职业发展前景。　　　　　　　　（　　）
7. 只要管培期结束就可以转正，享受所有福利。　　　　　　（　　）

三、单选题。

1. 为了保证每个学生都能顺利走上工作（　　），提高就业率，学校每年都要组织十几场人才招聘会。

   A 职务　　　　B 职位　　　　C 岗位　　　　D 职业

2. 企业（　　）的税费多，就意味着该企业为社会创造了比较多的财富，其承担的社会责任也会相应增加。

   A 携带　　　　B 分配　　　　C 补贴　　　　D 缴纳

3. 新款车今年6月上市，售价与老款车保持（　　），价格区间依然为8.38万至12.78万元。

   A 一致　　　　B 一律　　　　C 一概　　　　D 一起

4. 如果一个人没有（　　）精神，那么在需要大家合力完成一项任务的时候，就很难和别人配合工作，这种人即使能力很强，也很难晋升。

   A 集体　　　　B 团队　　　　C 团体　　　　D 轮岗

5. 商业秘密关系到企业的核心竞争力，对企业的发展至关重要，有的甚至直接影响到企业的生存。所以企业与有机会接触到商业秘密的员工签订（　　）协议是十分必要的。

　　A 保密　　　　　B 秘密　　　　　C 机密　　　　　D 合作

6. 近年来人口老龄化趋势越来越明显，护理服务需求显著增加，护理专业大学生的就业（　　）十分广阔。

　　A 景色　　　　　B 前程　　　　　C 分配　　　　　D 前景

7. 请您确认一下贵公司的收货地址，（　　）尽快安排发货。

　　A 以便　　　　　B 一致　　　　　C 以至　　　　　D 便利

8. 走出国门是中国企业融入世界发展的必然趋势。据了解，绿地集团近期将去泰国曼谷（　　）一个占地2000余亩的项目。

　　A 考核　　　　　B 考验　　　　　C 考查　　　　　D 考察

四、请将下列词语填入合适的位置。

补贴　　制度　　氛围　　管培生　　待遇

　　毕业以后，我通过笔试、面试、综合评定，成为一家民营企业的（　　）。这是一家年轻的企业，正处在起步阶段，需要我们经常加班，有的时候连饭都没时间吃。当然也不止新人忙，全公司包括老总在内都很忙，"忙"就是我们公司的整体（　　）。不过我们的福利（　　）在同行中算是数一数二的，有基本工资、五险一金等，还有交通、食宿、通话等各类（　　）。另外，只要严格遵守公司的规章（　　），不迟到、不早退，每个月都会得到一笔奖金，如果工作表现优秀，还有额外的优秀奖。

第14课　我一定会加倍努力的

课前准备

下面有三个问题，请你想一想、查一查，上课时和大家分享。

1. 在你们国家，入职报到时需要哪些材料？
2. 面对领导的夸奖，怎么回应比较得体？
3. 对于第一份工作，你更看重哪些方面？

第 15 课　我把你拉到部门微信群

一　学习目标

1. 能顺利完成入职流程，言语合适，行为得体。
2. 能快速熟悉工作方式、业务内容、办公设备及其使用方法等。

二　生词

1. 过奖　guòjiǎng　（动词）　to overpraise

简单来说："过奖"就是过分地表扬或夸奖，一般用于对方夸奖自己时。

例句：A：幸亏您想得周到，不然我们损失就大了，您真是行家！
　　　B：您过奖了，我只是做了自己该做的事。

思考：你觉得用中文怎么回复领导的夸奖比较得体？用你的母语呢？

2. 指教　zhǐjiào　（动词）　to give advice or comments

简单来说："指教"就是指点教导，也用于请人对自己的工作、作品提出意见或建议。

例句：（1）各位觉得我这个设计怎么样？新手没经验，请大家指教！
　　　（2）初次见面，以后还请您多多指教。

思考：进入新公司，自我介绍的结尾可以怎么说？

3. 带　　dài　　　　　　（动词）　　　　　　　to lead, to help

简单来说："带"就是引导、带领的意思。如：带徒弟、带团队。

例句：（1）"传帮带"是指前辈或老手在工作中将技术经验、企业文化等亲自传授给晚辈或新手，就像传统的师傅带徒弟那样，一些现代企业在人才培养上也会采用这种制度。

（2）要成为一名成功的领导者必须懂得如何带团队，发挥团队的力量和作用。

思考：在你们国家，有没有老员工带新员工的传统？

4. 杂　　zá　　　　　　（形容词）　　　　　　varied

简单来说："杂"就是多种多样的。

例句：（1）这些材料都是几年前的，内容很杂，需要仔细整理。

（2）有些电子商务网站的首页内容太多，信息多而杂，重点不突出，用户很难马上找到自己需要的信息。

思考： 你认为怎样才能高效完成多而杂的工作任务？

5. 承担　chéngdān　（动词）　to assume, to undertake

简单来说： "承担"就是承接、担负（工作、责任、费用、风险）等。

例句：（1）借车给他人使用后发生事故，因此造成的损失由保险公司和驾驶员承担，车主如无过错，不承担赔偿责任。

（2）房产交易中产生的手续费由买方承担。

思考： 我们在生活中常常需要承担哪些责任？

6. 促进　cùjìn　（动词）　to promote, to facilitate

简单来说： "促进"就是促使……前进，使……发展。

例句：（1）中国国际贸易促进委员会，简称中国贸促会，是为促进中国进出口贸易而成立的。

（2）双方将在良好合作的基础上，积极促进深度合作，实现共赢发展。

思考： 你们公司是如何促进员工之间相互了解的？

7. 协调　xiétiáo　（动词）　to coordinate, to harmonize

简单来说： "协调"就是使双方或各方配合得适当。

例句： 协调不是简单地分配任务，协调工作的过程中要注重各方之间的沟通，还要注意沟通的方式和技巧，尽可能化解可能产生的矛盾，以共赢为目的，使各方都能得到合理的回报。

思考： 你平时是如何协调家庭、工作和学习的？

8. 沟通　gōutōng　（动词）　to communicate

简单来说:"沟通"就是使两方能通连。如：沟通思想、沟通中西文化、有效沟通、无效沟通。

例句:（1）经过沟通，两家公司清楚地了解了对方的工作计划和方式，为进一步开展合作打下了良好的基础。

（2）俗话说，有效沟通是成功的一半。在工作中，我们需要好好跟领导、同事、下属沟通，这样才能高效完成任务。

思考:你觉得自己的沟通能力怎么样？

9. 通勤　tōngqín　（动词）　to commute

简单来说:"通勤"就是乘坐公共交通工具上下班。如：通勤时间、通勤族、通勤车、通勤装。

例句:由于房价昂贵，刚上班的年轻人买不起房子，他们通常会在郊区租房，每天要花3～4个小时通勤，上下班很辛苦。

思考：你现在的通勤时间长吗？你能接受每天最长几个小时的通勤时间？

10. 难免　　　　nánmiǎn　　　　（形容词）　　　　unavoidable

简单来说："难免"就是不容易避免。

例句：（1）网上购物难免会有退换货问题，很多时候是因为消费者在购买前看到的图片和实物不符。

（2）做生意难免会遇到各种困难和挑战，要认准目标，坚持下去，才有可能成功。

思考：初入职场，难免会遇到哪些问题？

11. 提倡　　　　tíchàng　　　　（动词）　　　　to advocate

简单来说："提倡"就是指出事物的优点，鼓励大家使用或实行。

例句：（1）税务局提倡消费者在消费后向商家索要发票，避免不良商家偷税、漏税。

（2）政府提倡垃圾分类、保护环境。

思考：你们国家提倡哪些企业文化？

12. 作战　　　　zuòzhàn　　　　（动词）　　　　to fight

简单来说："作战"就是打仗。

例句：商场如战场，没有人能轻易成功，要讲究作战技巧，用最低的成本获取最多的收益。

思考：工作中经常需要团队作战，这对团队成员来说需要哪些能力？

13. 拖后腿　　　　tuō hòutuǐ　　　　to be a drag on sb., to hold sb. back

简单来说："拖后腿"就是在后边拉着别人的腿，比喻阻碍他人或事物，使他人或事物不能前进，也叫"扯后腿、拉后腿"。一般用于团队合作中由于一个人或几个人使整个计划不能按时完成的情况。

例句：有个同事过分追求完美，不能按时完成自己的工作，总是拖后腿，导致这个团队所有成员的奖金都没了。

思考：你拖过团队的后腿吗？你遇到过拖你后腿的人吗？你是怎么处理的？

第15课　我把你拉到部门微信群

14. 高效　　gāoxiào　　（形容词）　　efficient

简单来说："高效"就是效率高的。

例句：经济学家通过实验发现，在工作总量和工资不变的情况下，一周工作四天的公司业务收入增加了，员工工作更高效了。

思考：你有没有高效学习或工作的好方法？

15. 工位　　gōngwèi　　（名词）　　office cubicle

简单来说："工位"就是工作的位置，常指办公的位置、车间里工人工作的位置等。

例句：小张的工作效率之所以高，是因为她的装备齐全，看看她的工位，你就明白了。

思考：你理想的工位是什么样子的？要有哪些东西？

16. 初始　　chūshǐ　　（名词）　　initial

简单来说："初始"就是最初的时候，开始的阶段。

例句：（1）为了方便，有时候银行会在系统中将银行卡的初始密码设置为123456、111111或666666等，拿到卡以后要马上修改密码。

（2）董事长宣布要投入50亿作为公司新成立的研发部的初始资金。

思考：在进入职场的初始阶段，你会通过哪些方式提高自己的工作效率？

17. 能量　　néngliàng　　（名词）　　energy

简单来说："能量"比喻人在做各种事情时显示出来的活动能力。

例句：（1）别看她个子小小的，能量却不小，上个月谈成了两笔大订单，销售部部长很满意。

（2）正能量指的是积极的、健康的、给人力量的、充满希望的人和事，能够催人奋斗和进步。

思考：在工作中如果遇到负能量比较多的同事，你会如何对待？

18. 跟进　　gēnjìn　　（动词）　　to follow up

简单来说："跟进"就是跟随着前进。

例句：企业必须认真对待每一位消费者的投诉，在投诉处理完以后，还要继续跟进，了解消费者的满意程度。

思考：假如领导让你跟进一个大客户的重要订单，你会怎么跟进？

专有名词

OA 系统　　OA Xìtǒng　　Office Automation System

简单来说："OA 系统"就是办公自动化系统，一般是指利用电脑、网络和办公软件等处理办公文件和数据。

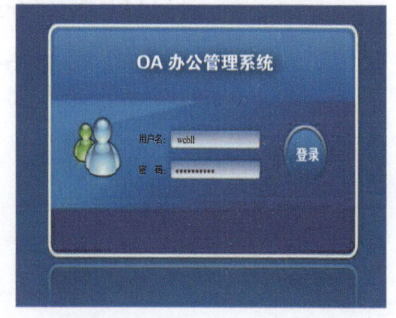

例句：OA 系统大大提升了办公效率，以前需要专门找领导签字，现在只要在系统里提交文件，系统就会自动提醒领导审核，有的不到一分钟就能完成。

思考：请介绍一款你知道的 OA 系统，说说它的功能。

 **常用表达**

1 张总过奖了，以后还请您多指教。

Thank you for the compliment, Manager Zhang. Please give me more advice in the future.

"您过奖了"用在自己被对方称赞以后，表示谦虚，也可以说"多谢夸奖""哪里哪里"。

"请多指教"可以用在学习或工作场合的初次见面中，是一种谦虚、客气的说法，也可以说"请多关照"。在工作和学习中，如果需要长辈或上级的帮助，可以说"请您指教""请您不吝赐教"等。

2 大家暂停一下，我说几句。

Pause for a moment, everyone. Let me say a few words.

如果你有重要的事情要告诉大家，可以说"大家暂停一下"，让大家暂时停止手上的工作，听你说话。如果你的职位比较高，可以说"我说几句"，如果职位不太高，那要说得更礼貌一点儿，如"大家暂停一下好吗？我来汇报一个情况"等。

3 除此之外，还要增强管理层和具体业务部门之间的有效沟通。

In addition, effective communication between management and specific business departments should be enhanced.

"除此之外"中的"此"就是"这个、这些"，"除此之外"的意思就是除了前面说到的"这个、这些"，还有其他情况。

在课文中，"除此之外"前面说的是"要承担公司的对外交流，也要促进各部门之间的协调合作"，后面说的是"还要增强管理层和具体业务部门之间的有效沟通"，林小雨用这三点来说明综合事务部的工作内容很杂。

例：按照协议规定，RCEP的15个成员国，90%的货物实行零关税。消费者可以在这个自贸区范围内购买到更便宜的进口商品，企业原材料的成本大幅降低，更大程度提升了利润空间。除此之外，RCEP还为各成员国提供了一个更加稳定的外部环境。

4 我是职场新人，工作中肯定有很多不懂的地方，以后少不了麻烦您。

I am a newcomer in the workplace, so there must be a lot I don't understand in my work, and I'm afraid I will put you to much trouble in the future.

"职场新人"指的是刚开始工作的人。职场新人刚开始工作，不懂的地方比较多，需要向老同事请教，一般对经验丰富的老同事诚恳地表示请教态度时可以说这句话。

 四 测试题

一、朗读课文，注意语音语调。

二、判断题。

1. 张明远是人事部的老总。（　　）
2. 林小雨向同事们介绍了孟安诺。（　　）
3. 综合事务部要承担公司的对外交流。（　　）
4. 孟安诺租的房子离地铁口很远。（　　）
5. 讯达公司提倡"996"的工作方式。（　　）
6. 重要文件要在 OA 系统上收发。（　　）
7. 孟安诺明天要去马达加斯加出差。（　　）

三、单选题。

1. 近日，为了更好地服务企业发展，市工商局发挥自身专业优势，走进我市中小企业开展工商业务（　　），为企业提供务实服务，助力企业更好地发展。
   A 指教　　　　B 指示　　　　C 辅导　　　　D 指导

第15课　我把你拉到部门微信群

2. 企业社会责任是指企业在创造利润、对股东和员工（　　）法律责任的同时，还要（　　）对消费者、社区和环境的责任。
   A 承受　　　　B 承担　　　　C 协调　　　　D 跟进

3. "老字号"衰落的原因在于忽视了品牌资产的培育，在机制上也缺乏创新，产品缺乏足够的吸引力，这样，消费者（　　）"喜新厌旧"，转向购买新品牌。
   A 难免　　　　B 必须　　　　C 避免　　　　D 免得

4. 知情人士称，这家公司曾拒绝亚马逊和其他潜在买家的收购（　　），选择自己解决面临的问题。
   A 提倡　　　　B 倡议　　　　C 提议　　　　D 提示

5. 那些很成功的公司在（　　）阶段都做对了什么？首先，他们很看重产品质量和用户体验；其次，他们非常看重人才。
   A 作战　　　　B 最后　　　　C 初始　　　　D 原始

6. 他们这个团队，别看人不多，（　　）可真不小，各个领域的精英都有啊！
   A 成员　　　　B 能源　　　　C 力气　　　　D 能量

7. 上个月的新订单是谁在（　　）？为什么没有最新进度显示呢？
   A 跟进　　　　B 跟随　　　　C 进步　　　　D 促进

8. 进入会场以前，请（　　）工作人员核查身份信息。
   A 协作　　　　B 融合　　　　C 配合　　　　D 协调

四、请将下列词语填入合适的位置。

> 通勤　　协调　　工位　　杂　　出色

来上海实习已经半个月了，公司实行的是弹性工作制，我一般早上9点从公寓出发，倒两次地铁，到公司后基本上（　　）还没坐热就该吃午饭了。我实习的部门是售后服务部，工作内容就是处理客户的投诉。公司产品五花八门，客户的投诉内容也很（　　），我需要根据投诉的先后顺序和类型来（　　）各类维修人员的调派和服务时间。

半个月下来，经理夸我工作（　　），希望我毕业后能来公司应聘，但我自己觉得还是算了吧，每天往返四个小时的（　　）时间可太要命了，我还是找一个离家近的工作吧。

课前准备

请你想一想、查一查下面的三个问题，也可以采访一下身边的职场人士，上课的时候和同学们讨论一下。

1. 入职第一天一般要做哪些事情？
2. 入职的新员工一般会和同事们说哪些话？
3. 你知道下面这些软件吗？你用过吗？用起来方便吗？

教育部中外语言交流合作中心2022年国际中文教育研究课题重点项目资助22YH35B
教育部中外语言交流合作中心2020年度国际中文教育重点项目
山东大学2020年国际化课程建设项目

商务中文
Business Chinese

刘 颖 **主编**　刘 颖　崔一方 **编著**

主课本
Textbook

北京语言大学出版社
BEIJING LANGUAGE AND CULTURE
UNIVERSITY PRESS

© 2023 北京语言大学出版社，社图号 23044

图书在版编目（CIP）数据

商务中文 / 刘颖主编；刘颖，崔一方编著. -- 北京：北京语言大学出版社，2023.9（2025.1重印）
ISBN 978-7-5619-6268-8

Ⅰ. ①商… Ⅱ. ①刘… ②崔… Ⅲ. ①商务－汉语－对外汉语教学－教材 Ⅳ. ① H195.4

中国国家版本馆 CIP 数据核字（2023）第 164938 号

商务中文
SHANGWU ZHONGWEN

责任编辑：	付彦白　谭亚丽
英文编辑：	侯晓娟　翟世权
封面设计：	张晶晶
排版制作：	北京青侣文化创意设计有限公司
责任印制：	周 燚

出版发行：	北京语言大学出版社
社　　址：	北京市海淀区学院路 15 号，100083
网　　址：	www.blcup.com
电子信箱：	service@blcup.com
电　　话：	编辑部　8610-82303647/3592/3724
	国内发行　8610-82303650/3591/3648
	海外发行　8610-82303365/3080/3668
	北语书店　8610-82303653
	网购咨询　8610-82303908
印　　刷：	北京市金木堂数码科技有限公司

版　次：	2023 年 9 月第 1 版	印　次：	2025 年 1 月第 3 次印刷
开　本：	787 毫米 × 1092 毫米　1/16	印　张：	主课本 10.25 / 预习册 11
字　数：	281 千字		
定　价：	128.00 元		

PRINTED IN CHINA

凡有印装质量问题，本社负责调换。售后QQ号1367565611，电话010-82303590

前 言

随着"一带一路"倡议的提出和《区域全面经济伙伴关系协定》(RCEP)的签订，世界经济中心加速向亚太地区转移，各国对国际商务中文人才的需求显著提升。新形势对国际中文教育提出了新要求。随着数字技术的快速发展，物联网、智能制造等经济贸易领域的新事物、新现象层出不穷，相关话题和表达也应与时俱进地体现在教材中。

为满足新形势下各国学习者对商务中文的学习需求，培养其中文语境下的商务交际能力，帮助其深入了解中外经贸往来及中国经济发展状况，我们以基础性、实用性商务话题和场景为纲，以一名管培生初入职场的工作经历为线索，编写了这套《商务中文》。

本教材的适用对象为有志于从事中外经贸领域商务工作的国际学生，尤其适合国内外大学及各类培训机构开设基础实用商务中文或经贸中文课程使用，也适用于有商务中文提升需求的职场人士。在使用本教材前，学习者应该达到HSK四级或具备《国际中文教育中文水平等级标准》初等三级以上水平，中文词汇量需达到2000个以上，语法点需掌握200个以上。

教材特点

一是紧贴当前中外经贸发展的实际情况，选用当下年轻人最感兴趣的移动通信及人工智能类产品公司为背景。语料全部来自经贸领域的真实场景且经商务人士把关，场景呈现和任务安排有极强的现实性和代入感，最大限度地满足了语言的典型性和内容的时效性。

二是以管培生的岗位轮换串联公司各个部门的工作场景和工作任务，引导学生熟悉经贸领域的常用表达，帮助学生体会职场人士的身份、职位、角色关系与语言表达的契合度，在完成工作任务的过程中培养其得体的交际能力。

三是教材适用面广，使用方式灵活。本教材既可用于传统课堂教学模式，也可用于翻转课堂教学模式，还可用于学生自学。教师和学生可根据具体情况灵活使用，以获得最佳的学习效果。

总体结构

《商务中文》共十五课，主课本和预习册各一册，另外配备电子资源包，内容分为接待客商、考察与订购、新产品推广与销售、参加展销会、应聘与入职五个单元，每个单元各三课。主课本中每课包括学习目标、热身活动、课文、生词、常用表达、练习六部分，预习册中每课包括学习目标、生词讲解、常用表达讲解、测试题、课前准备五部分。

编写原则

一、遵循可懂输入原则

预习册中生词和常用表达的释义和讲解尽可能选用难度较低的词语，突出典型场景及用法，配以直观生动的图片辅助理解。例句用词也尽量控制词语难度，依托学习者易于理解的场景，注意联系商务背景，帮助学生熟悉经贸领域相关知识、商务活动规则及职场准则。

二、注重使用真实材料

主课本中课后练习的实战任务要求学生在查阅真实商业资料的基础上，根据中外经贸往来的真实情况，以真实的公司信息为背景，结合自己的职业规划，模拟真实的商务情景完成交际任务。电子资源包中每课均配备了一篇与本课主题密切相关的阅读材料，内容改编自经贸领域的真实商业案例，便于学习者拓宽商务视野，深刻认识商务活动的特点，切实提高商务中文交际能力。

三、强化教学资源建设

预习册每课均配备一套测试题，题型丰富且针对性强，可以全面准确地检测学生的学习效果。电子资源包中配备了教学课件、课文录音及生词录音、阅读理解题及参考答案、主课本练习参考答案，以及预习册测试题参考答案等教学资源。教学课件充分融合主课本和预习册中的内容，充分利用图片素材，巧妙运用动画技术，增加可视化信息。课件设计在试用过程中反复打磨，根据实际授课效果不断完善，教师可以"拿来即用"，引导学生代入式地走进职场，在互动中加深对商务场景的了解。配套资源丰富好用，能够大大减轻教师的备课负担，帮助学生及时查漏补缺。

总之，本教材的设计体现了任务式、体演式、成果导向、合作学习等理念与方法，真正做到了内容选择以职场需求为导向、教学安排以学生为中心、活动设计以学生为主体、资源建设全面服务教与学。

特别感谢

上海财经大学周红教授、北京语言大学张黎教授、美国加州大学圣芭芭拉分校关道雄教授等同行专家阅读教材初稿并提出了宝贵意见，华为公司杨逍先生和顾鸿杰先生、圣泉集团沈淑丽女士等资深商务人士针对本教材给出了专业性建议，研究生王义文、张泽、刘霜霜、张梅园、焦丽娜等参与了教材编写和试用工作，北京语言大学出版社国际中文教育事业部主任付彦白老师和编辑谭亚丽老师以高水准的专业能力为本教材的编校出版把关，在此一并表示感谢。

本教材曾在山东大学国际化通识教育课程、国家开发银行留学生奖学金项目、汉语桥"一带一路"国家高级经管人员线上交流项目中试用，我们根据试用情况做出了一些修改，但疏漏之处在所难免，恳请广大使用者提出宝贵意见，使教材日臻完善。

刘颖

于中国济南

使用说明

《商务中文》根据学习流程分别编写了预习册、主课本和电子资源包。预习册中每个生词讲解后的思考题一般是开放的现实性问题，学生可以结合所见所闻或上网搜索相关资料后回答。预习册中的"测试题"包括朗读、判断、选择和填空四部分。预习册"课前准备"中的问题就是主课本"热身活动"中的问题，学生可以提前准备，课上跟随教师的引导展开讨论，真正起到热身作用。

无论采用翻转课堂模式还是传统授课模式，教师都可以将测试题做成电子版上传到"雨课堂"等智慧教学平台，便于学生利用碎片化时间完成，也便于教师在后台随时查看学生的学习进度及测试结果，了解学习难点，确定讲解重点，提高教学的针对性。

主课本的课后练习题可以选择性使用，电子资源包给出的仅是参考性答案。做第2题时，教师可根据具体词语鼓励学生设想不同的情景，引导学生说出多样化的答案。做第4题时，教师可根据情景鼓励学生设想要达到的目的，体会角色关系，引导学生说出合适的话语。第5题是从情景和功能出发寻找准确得体的表达方式，教师可引导学生在得体表达的同时体会交际功能和言语表达之间的匹配关系。

如果采用翻转课堂模式，每课建议用4～6课时完成，可参考以下流程进行教学：

1. **课前**（使用预习册、主课本和电子资源包）：学生了解本课学习目标→学生自学生词和常用表达→学生完成测试题并提交→教师根据测试结果调整完善配套教学课件→学生根据提示的问题做好课前准备。

2. **第1～2课时**（使用主课本）：教师带领学生确定学习目标→教师引导学生开展热身活动→教师带领学生熟悉课文→教师根据测试结果讲解重难点→教师引导学生完成课后练习1～5题（可选做）→教师布置课后练习第6题，要求学生课后分组完成实战任务，准备课堂汇报。

3. **第3～4课时**（使用主课本和电子资源包）：学生小组汇报实战任务作业，教师点评→教师引导学生做电子资源包中的阅读理解题。

如果采用传统讲授模式，每课建议用6～8课时完成，可参考以下流程进行教学：

1. 课前（使用预习册、主课本和电子资源包）：学生浏览预习册和主课本的内容，教师个性化完善教学课件，做好课前准备。

2. 第1～2课时（使用预习册和主课本）：教师带领学生确定学习目标→教师引导学生开展热身活动→教师带领学生熟悉课文→教师带领学生学习生词和常用表达→教师布置预习册中的测试题检测学习效果。

3. 第3～4课时（使用主课本）：教师根据测试结果讲解重难点→教师引导学生完成课后练习1～5题（可选做）→教师布置课后练习第6题，要求学生课后分组完成实战任务，准备课堂汇报。

4. 第5～6课时（使用主课本和电子资源包）：学生小组汇报实战任务作业，教师点评→教师引导学生做电子资源包中的阅读理解题。

如果是自学模式，学习者可以充分利用预习册自学生词和常用表达，自测学习效果，然后独立完成主课本的课后练习题，对照电子资源包中的参考答案检验学习效果。

以上是根据试用情况总结出的使用建议，仅供各位教师及学习者参考，特别希望各位在使用过程中创新教学方法和学习方法，探索出适合自己的使用模式，同时反馈给我们。

刘颖 崔一方

于中国济南

Content

目　录

背景及人物简介 1

第一单元　接待客商 3

第 1 课　我已经给两位订好酒店了 4
第 2 课　请您确认一下日程安排 13
第 3 课　很荣幸为二位接风洗尘 21

第二单元　考察与订购 29

第 4 课　这是我们公司的产品体验区 30
第 5 课　这家工厂的规模可真不小 38
第 6 课　我接受这个报价 46

第三单元　新产品推广与销售 55

第 7 课　我们的广告最好新旧结合 56
第 8 课　选对了代言人就能事半功倍 66
第 9 课　这个活动力度确实不小 75

第四单元　参加展销会 83

第 10 课　在官网平台申请品牌展位 84
第 11 课　我边介绍边给您演示 93
第 12 课　我们非常看重和中国公司的合作 101

第五单元　应聘与入职 ································· 111

第 13 课　欢迎你参加今天的面试 ···················· 112

第 14 课　我一定会加倍努力的 ······················· 120

第 15 课　我把你拉到部门微信群 ···················· 129

生词总表 ·· 137

常用表达 ·· 150

背景及人物简介

本教材课文中的情节均发生在一家虚构的科技公司——讯达科技集团公司（简称讯达公司），我们将其设定为一家全球领先的信息与通信技术公司，该公司成立于2001年，总部位于广东省深圳市，2019年首次进入世界500强企业名单，产品全面覆盖手机、电脑、可穿戴设备、移动终端、家庭终端及通信设备等。该公司还提供通信解决方案，产品及服务远销海外，具有相当高的国际知名度。

核心人物孟安诺大学毕业后，进入讯达公司做管培生，下图是他轮岗工作的部门及课文中出现的同事：

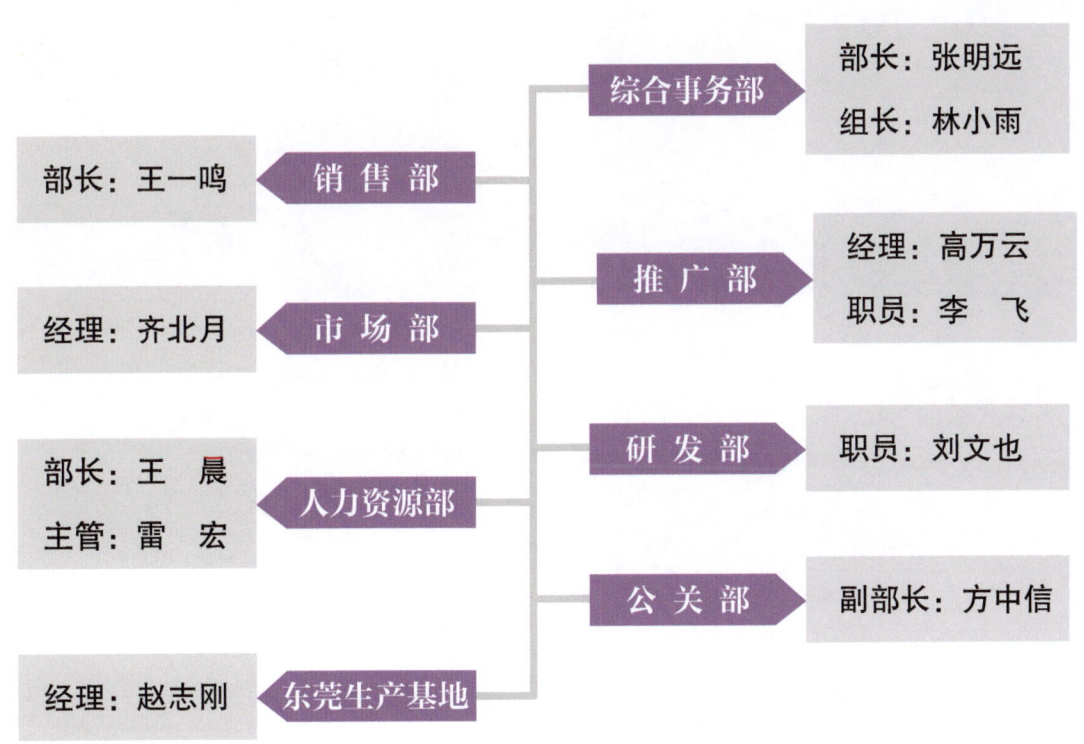

第一单元　接待客商

马达加斯加客商 Jason 和安娜来讯达公司访问，讯达公司管培生①孟安诺全程陪同（去机场接机、帮助办理酒店入住、确认日程安排、参加欢迎宴会等）。安娜的汉语水平很高，Jason 的汉语水平一般，经常需要安娜翻译。

在这一单元，你会看到这些人：

孟安诺　　讯达公司管培生，开朗外向，勤奋好学，先后在综合事务部、销售部、推广部、市场部等部门轮岗工作。

方中信　　讯达公司公关部副部长，主要负责国外客户开发与前期沟通工作。

Jason　　马达加斯加某电子产品经销公司采购部总经理，是安娜的上级。这次来中国是为了考察讯达公司，订购一批性价比高的智能手机。

安娜　　马达加斯加某电子产品经销公司采购部职员，曾在北京留学五年，精通汉语。这次陪同采购部总经理 Jason 来中国考察讯达公司，进行商务合作。

---

① 管培生（guǎnpéishēng，management trainee）。

第1课　我已经给两位订好酒店了

1. 能完成接机、酒店入住等商务活动。
2. 能使用航班信息查询、酒店预订等常用软件。
3. 能在出入中国海关时正确申报所带物品。

热 身 活 动

根据预习时的准备，说一说：

▶ 1. 出差时可能会用到哪些 APP？

▶ 2. 办理酒店入住的过程是怎样的？

▶ 3. 出入境时哪些物品需要向中国海关申报？

第1课　我已经给两位订好酒店了

（在机场）

孟安诺：欢迎来到深圳！

安　娜：谢谢。实在抱歉，天气不好，航班延误了。另外，过海关时，我们托运的行李中有些东西需要申报，让您久等了。

孟安诺：没事儿，我在"飞常准"上看到延误信息了，正好利用这个时间回了几封邮件。

安　娜："非常准"？

孟安诺：对，这个软件能实时显示航班信息，也能预订机票，出差用特别方便。

（孟安诺给安娜看手机里的软件）

安　娜：哦，是飞机的"飞"啊，我以为是非常的"非"呢，那我也下载一个。对了，您汉语说得太地道了❶。

孟安诺：您的汉语也不错啊，我在电话里还以为您是中国人呢❷！

安　娜：哪里哪里。我来介绍一下，这位是我们采购部总经理Jason，这位是讯达公司的孟安诺。

Jason：您好！孟先生。

孟安诺：您好，Jason先生。我叫了个专车，在地下停车场，咱们坐直梯下去吧。我已经给两位订好酒店了，咱们先去办理入住。

Jason：好的！

（在酒店前台）

服务员：先生您好！请问您有预订吗？

孟安诺：有，两间高级大床房，23号到26号。

服务员：好的，请出示一下证件❸。

安　娜：这是我们的护照。

服务员：系统里显示您的房费总额是1800元。

安　娜：给你信用卡。

服务员：先冻结您2000元的预授权作为押金，结算时房费会从预授权中扣除。❹

安　娜：好的。

服务员：给您房卡，退房时间是中午12点之前。早餐时间从7点到10点，在二楼自助餐厅。

第1课　我已经给您订好酒店了

 生词 01-2

1.	延误	yánwù	动词	to delay
2.	海关	hǎiguān	名词	customs
3.	托运	tuōyùn	动词	to consign for shipment
4.	申报	shēnbào	动词	to declare
5.	实时	shíshí	副词	real-time
6.	显示	xiǎnshì	动词	to display, to show
7.	预订	yùdìng	动词	to book, to reserve
8.	采购	cǎigòu	动词	to purchase
9.	专车	zhuānchē	名词	tailored taxi service
10.	出示	chūshì	动词	to show, to produce
11.	证件	zhèngjiàn	名词	credentials, identification
12.	总额	zǒng'é	名词	total amount
13.	冻结	dòngjié	动词	to freeze
14.	预授权	yùshòuquán	名词	pre-authorization
15.	押金	yājīn	名词	deposit
16.	结算	jiésuàn	动词	to settle an account
17.	扣除	kòuchú	动词	to deduct

 常用表达

① 您汉语说得太地道了。
Your Chinese is so authentic.

② 我在电话里还以为您是中国人呢!
I thought you were Chinese on the phone!

③ 请出示一下证件。
Please show me your identification.

④ 先冻结您 2000 元的预授权作为押金,结算时房费会从预授权中扣除。
Freeze your pre-authorization of 2,000 *yuan* as a deposit in advance. The room rate will be deducted from the pre-authorization at the time of settlement.

 练习

一、读课文,回答下面的问题。

1. 安娜的航班为什么延误了?
2. 过海关时,安娜和 Jason 做什么了?
3. 孟安诺是怎么回应安娜的道歉的?
4. "飞常准"是什么?这种起名方式有什么特点?
5. 安娜和孟安诺是怎么夸奖对方中文好的?

第1课　我已经给两位订好酒店了

6. 孟安诺预订了什么房间？

7. 服务员会怎样为 Jason 他们结算房费？

二、根据词语写出词组，前后添加都可以，然后说句子。

例：延误（航班延误）
坐飞机经常会遇到航班延误的情况，要么耐心等待，要么改乘其他航班。

1. 出示（　　　　）

2. 显示（　　　　）

3. 办理（　　　　）

4. 下载（　　　　）

5. 结算（　　　　）

三、角色扮演，进行对话练习。

请你和小组同学分别扮演课文中的角色，仔细体会人物的身份、关系，模仿他们说话的语气语调，准确熟练地说出对话内容。

四、根据情景，用所给的词语完成对话。

1. 你跟一位客户约好明天下午2点进行网络会议，但你临时有事，这个会议要推迟到4点。你和客户的对话可以是：

   A: _____

   B: _____

   （实在抱歉）

2. 你的朋友要参加一个招聘面试，他没有经验，向你请教，你认为应该注意三个方面。你们的对话可以是：

   A: _____

   B: _____

   （另外）

3. 在会议休息时，你听到一位公司代表说他们生产的包装袋不错，而你们公司计划购进一批包装袋，你想要认识这位代表。这时你们的对话可以是：

   A: _____

   B: _____

   （正好）

五、根据情景，准确表达，得体交际。

1. 你会怎样夸奖一个某种外语说得特别好的人？
2. 这次接待客户的任务你完成得非常好，领导和同事夸奖你能干，你如何回应他们比较合适？
3. 同事或客户因为一些不得已的原因耽误了你的时间，他向你道歉，如果这件事不严重，你想宽慰他，可以怎么说？

六、小组合作，完成实战任务。（任选一个）

1. 假设你从深圳出发，陪同你们国家来的客户去武汉、济南、哈尔滨出差。请根据下面的信息，利用手机软件为大家预订合适的机票/车票、酒店和房间。

   出差目的：市场调查/产品考察/商务谈判（任选一个）

   行程安排：3月11日—13日　湖北省武汉市
   　　　　　3月13日—16日　山东省济南市
   　　　　　3月16日—18日　黑龙江省哈尔滨市

   住宿标准：原则上500元/天/人，也可根据客户身份适当调整，只要合理即可。

   具体内容根据你将来打算从事的行业自行决定。请参考下面表格中的各项内容，用图片、文字等在PPT上展示说明你的预订信息及选择理由。

时间	城市	机票/车票	酒店名称（联系电话）	房间安排（房型/数量/价格）	选择理由（根据出差目的及客人的身份特点）
3月11日—13日	武汉				
3月13日—16日	济南				
3月16日—18日	哈尔滨				

2. 假设你毕业后在中国（北京、上海、广州、深圳、济南、青岛等城市）的一家贸易公司工作，今天下午要去机场迎接国外客商，并带他们到酒店办理入住。请以小组合作的方式，分角色表演在机场接机、在酒店前台办理入住。活动中所用的语言主要是汉语，必要时可以使用其他语言翻译。你工作的贸易公司、国外客商、酒店等的具体信息可以参考现在中外贸易的真实情况、毕业后打算从事的行业、毕业后想入职的公司等自行决定，上课时用图片、文字等在PPT上展示说明。

第 2 课　请您确认一下日程安排

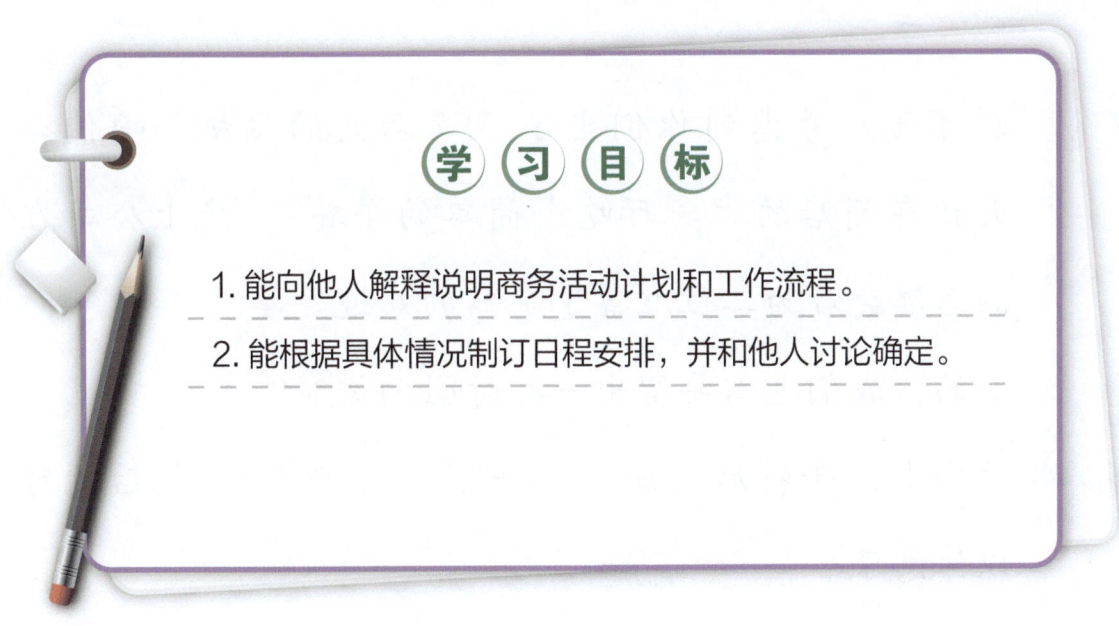

学习目标

1. 能向他人解释说明商务活动计划和工作流程。
2. 能根据具体情况制订日程安排，并和他人讨论确定。

热身活动

根据预习时的准备，说一说：

》 1. 接待客商时需要做哪些准备？

》 2. 客商来访的日程安排一般包括哪些内容？

》 3. 如何与客商确认日程安排？

 一 课文 02-1

（在酒店一楼大堂）

安　娜：孟先生，房间里的设施很新，您的安排很周到，让您费心了❶。

孟安诺：别客气。考虑到你们坐了将近两天的飞机，咱们今天就在酒店的贵宾厅吃个简单的午餐❷，晚上公司在酒店宴会厅为二位准备了丰盛的欢迎晚宴。

安　娜：好的，我们也需要留出一些时间倒倒时差。

孟安诺：没问题，午餐后请您确认一下日程安排❸，然后就可以休息了。

（午餐结束后，在咖啡厅）

孟安诺：这是我准备好的材料，二位先看一下。

安　娜：欢迎晚宴、参观公司、产品体验、考察工厂、商务洽谈……，贵公司的安排非常周到。

孟安诺：您看还有需要修改的吗？

Jason：产品体验是在总公司还是在工厂？

孟安诺：是这样，总公司和工厂都有产品体验区，我都会带

你们去体验，工厂里还能看到产品的生产流程。其实我们一般不会轻易安排去工厂参观的，除非像你们这样的大客户。❹

安　　娜：我明白，这涉及"商业机密"。

孟安诺：哈哈，也可以这么说。您看还有其他问题吗？

安　　娜：刚才Jason先生说，洽谈会上他的发言时间可能需要延长半小时，因为他说法语，我得翻译，这样时间就会长一些。

孟安诺：没问题，我来安排。

安　　娜：行，这样我们的行程就基本确定了，希望我们早日达成合作意向❺。

 生词

1.	设施	shèshī	名词	installations, facilities
2.	费心	fèixīn	动词	to trouble, to bother
3.	将近	jiāngjìn	副词	nearly, almost
4.	贵宾	guìbīn	名词	VIP
5.	丰盛	fēngshèng	形容词	superb, sumptuous

6.	晚宴	wǎnyàn	名词	banquet
7.	倒时差	dǎo shíchā		to get over jet lag
8.	确认	quèrèn	动词	to confirm
9.	日程	rìchéng	名词	schedule
10.	体验	tǐyàn	动词	to experience
11.	商务	shāngwù	名词	business affairs
12.	洽谈	qiàtán	动词	to talk over with, to negotiate (business)
13.	流程	liúchéng	名词	process
14.	轻易	qīngyì	副词/形容词	rashly; easy
15.	涉及	shèjí	动词	to involve, to relate to
16.	机密	jīmì	名词/形容词	secret; confidential
17.	延长	yáncháng	动词	to lengthen, to extend
18.	达成	dáchéng	动词	to reach (an agreement)
19.	意向	yìxiàng	名词	intention

第2课　请您确认一下日程安排

三　常用表达

① 您的安排很周到，让您费心了。
Your arrangement is very thoughtful. Thank you for your help.

② 考虑到你们坐了将近两天的飞机，咱们今天就在酒店的贵宾厅吃个简单的午餐。
Considering you've been on a flight for nearly two days, let's have a light lunch in the hotel VIP lounge today.

③ 请您确认一下日程安排。
Please confirm your schedule.

④ 其实我们一般不会轻易安排去工厂参观的，除非像你们这样的大客户。
In fact, we usually do not easily arrange to visit the factory, unless they are big customers like you.

⑤ 希望我们早日达成合作意向。
I hope we can reach a cooperation intention soon.

四　练习

一、读课文，回答下面的问题。

1. 安娜是如何对孟安诺的安排表示感谢的？
2. 孟安诺为什么安排了简单的午餐？

3. 午餐后孟安诺他们做什么了？

4. Jason 他们的日程安排包括哪些内容？

5. 总公司和工厂的产品体验区有什么不同？

6. Jason 想要修改什么内容？为什么？

二、根据词语写出词组，前后添加都可以，然后说句子。

例：丰盛（丰盛的晚宴）
　　晚上公司在酒店宴会厅为二位准备了丰盛的欢迎晚宴。

1. 流程（　　　　）

2. 机密（　　　　）

3. 延长（　　　　）

4. 意向（　　　　）

5. 时差（　　　　）

第2课　请您确认一下日程安排

三、角色扮演，进行对话练习。

请你和小组同学分别扮演课文中的角色，仔细体会人物的身份、关系，模仿他们说话的语气语调，准确熟练地说出对话内容。

四、根据情景，用所给的语言形式完成对话。

1. 你刚进入新公司，许多规定和流程都不清楚，常常要请教办公室的一位老员工，他在工作上给了你很多帮助。在感谢这位老员工时，你和他的对话可以是：

   A: _____

   B: _____

   （让您费心了）

2. 在关于产品包装的讨论会上，经理询问你的意见，你认为你们的产品主要是卖给年轻人的，而年轻人喜欢新事物。你们的对话可以是：

   A: _____

   B: _____

   （考虑到……）

3. 一家外国公司订购了你们公司的电子产品，在签订合同时，他们担心不能按时到货，但是你知道只要不出现极端天气，货物一定能按时到达。你们的对话可以是：

   A: _____

   B: _____

   （一般……，除非……）

五、根据情景，准确表达，得体交际。

1. 客商提出非常想参观你们公司的工厂，但是参观工厂并不在日程安排之内，你该如何回应他？
2. 你做好了日程安排初稿并拿给客商确认，你可以怎么说？
3. 客商看了日程安排后，希望你们在交流会上安排一位商务口译人员，你可以怎么回应？

六、小组合作，完成实战任务。（任选一个）

1. 假设你毕业回国后在某个贸易公司工作，下周要负责接待一位中国客户，这位客户打算考察你们国家的一些优质产品并进口到中国。请你根据目前两国贸易的真实情况，选择、确定这位客户可以考察的产品及生产厂家（至少两个厂家），制订这次商务考察活动的日程安排。

   上课时用PPT展示日程安排，并说明为什么要带客户考察这些产品、为什么这样安排等等。具体的日程安排可以用表格的形式列出，也可以按照时间顺序一条一条列出，但都应包括以下内容：时间、地点、参加人员、活动内容（去哪个工厂、考察什么产品、怎么考察等）。

2. 假设你毕业回国后在某个贸易公司工作，下周要负责接待一位中国客户，这位客户打算考察你们国家的一些优质产品并进口到中国。你制订了这次商务考察的日程安排，并在客户入住的酒店咖啡厅和客户进行确认。

   请以小组合作的方式，根据日程安排情况，分角色表演在酒店咖啡厅确认日程安排。课上汇报时要用PPT展示出你们的对话内容。

第3课　很荣幸为二位接风洗尘

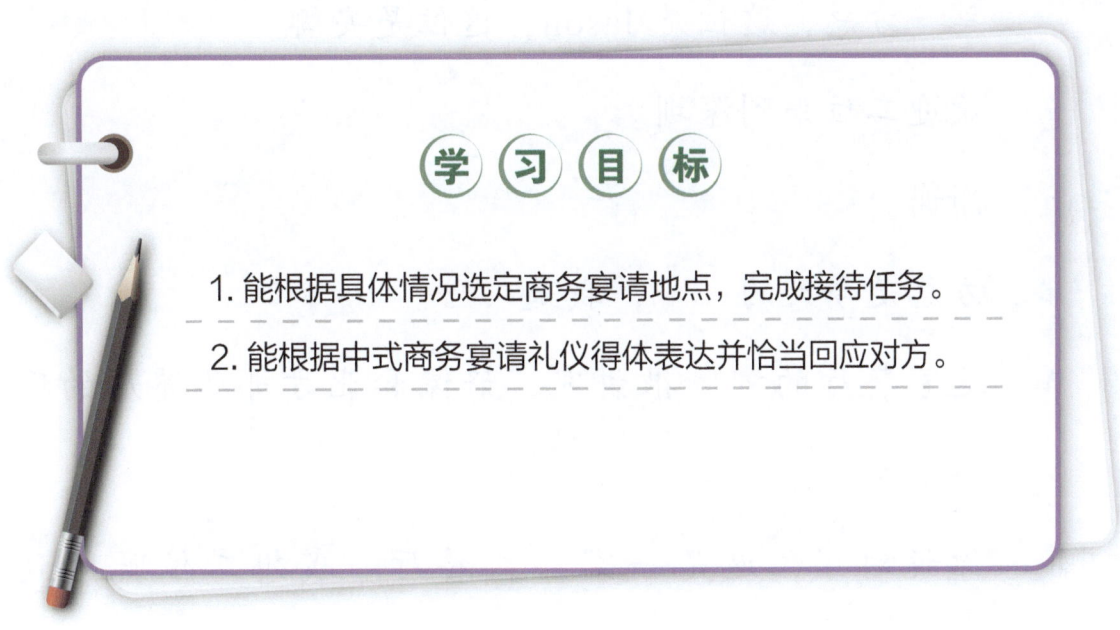

学习目标

1. 能根据具体情况选定商务宴请地点，完成接待任务。
2. 能根据中式商务宴请礼仪得体表达并恰当回应对方。

热身活动

根据预习时的准备，说一说：

> 1. 在你们国家，宴请时一般怎么敬酒？
> 2. 在你们国家，敬酒时一般说什么？
> 3. 中式宴会的餐桌一般是圆形的还是方形的？主客的座位一般怎么安排？

一 课文 03-1

（在酒店宴会厅）

孟安诺： 请二位入座吧。我来介绍一下，这位是我们公关部方总。方总，这位是Jason，这位是安娜。

方中信： 欢迎二位来到深圳。

Jason： 谢谢。

孟安诺： 方总是今天的主陪，我是副陪。

安　娜： 这家餐厅的装修很讲究，好像和北方那些餐厅的风格不太一样。

方中信： 你说对了，这是一家粤式餐厅。我想二位既然到了深圳，就一定要尝尝粤菜。

孟安诺： 二位有什么忌口的吗？①

Jason： 很多外国人都不太能吃香菜，我也一样。

安　娜： 我没问题，我在中国留过五年学，已经有一个"中国胃"了。

方中信： 好的。服务员，所有的菜里都别放香菜，再开一瓶五粮液。

第3课　很荣幸为二位接风洗尘

安　　娜：早就听说五粮液是和茅台齐名的高端白酒,今天终于有幸能品尝一下了。

方中信：那我们就开始吧。首先请允许我代表讯达公司向二位表示最热烈的欢迎。❷俗话说:"有朋自远方来,不亦乐乎?"❸很荣幸为二位接风洗尘!❹我先敬大家一杯!

孟安诺：来,大家干杯!

Jason：(咳嗽)喀,喀。

安　　娜：天哪!您一口全喝了?今天这酒度数可不低,52度呢!

方中信：哎呀,是我疏忽了。Jason先生,虽说是干杯,但也不用真的全喝完,量力而行就可以。

Jason：我一直以为"干杯"就是喝完呢,现在明白了。

安　　娜：那我们也敬大家一杯吧,感谢讯达公司的盛情款待❺。希望通过这次交流,我们能够发展成为长期合作关系。

方中信：预祝我们合作愉快!❻

孟安诺：为我们的合作干杯!

二 生词

1.	主陪	zhǔpéi	名词	the main person who accompanies the guest(s)
2.	副陪	fùpéi	名词	the second most important person who accompanies the guest(s)
3.	装修	zhuāngxiū	动词	to decorate (a room or house)
4.	粤式	yuèshì	形容词	Cantonese
5.	忌口	jìkǒu	动词	to avoid certain food (as when someone is ill)
6.	齐名	qímíng	动词	to enjoy equal popularity
7.	高端	gāoduān	形容词	high-end
8.	有幸	yǒuxìng	形容词	lucky
9.	品尝	pǐncháng	动词	to taste
10.	俗话	súhuà	名词	common saying
11.	接风洗尘	jiēfēng-xǐchén	成语	to give a dinner for the arrival of someone
12.	敬	jìng	动词	to offer politely
13.	疏忽	shūhu	动词	to neglect
14.	量力而行	liànglìérxíng	成语	to do according to one's abilities
15.	盛情款待	shèngqíng kuǎndài		to treat sb. with the utmost cordiality
16.	预祝	yùzhù	动词	to congratulate beforehand

专有名词

| 五粮液 | Wǔliángyè | Wuliangye, a kind of Chinese white liquor |

 常用表达

① 二位有什么忌口的吗？
Do you have any dietary restrictions?

② 首先请允许我代表讯达公司向二位表示最热烈的欢迎。
First of all, please allow me, on behalf of Xunda Corporation, to extend our warmest welcome to you both.

③ 俗话说："有朋自远方来，不亦乐乎？"
As the saying goes, "How happy it is to have friends coming from afar!"

④ 很荣幸为二位接风洗尘！
It's an honor to host a dinner of welcome for both of you!

⑤ 感谢讯达公司的盛情款待。
Thank Xunda Corporation for your generous hospitality.

⑥ 预祝我们合作愉快！
Wish us a happy cooperation!

商务中文·主课本

 练习

一、读课文，回答下面的问题。

1. 这次宴会的主陪是谁？
2. 这家餐厅怎么样？为什么选择了这家餐厅？
3. 安娜为什么说自己有一个"中国胃"？
4. 关于五粮液，安娜知道什么？
5. 商务宴请中，敬酒前可以说些什么？
6. 关于"干杯"，Jason和方中信的理解有什么不同？
7. 干杯时大家分别说了什么话？

二、根据材料内容填空。

中式宴请的座位安排一般"以右为尊、居中为尊、以远为尊（远离房门）、面门为尊（面对门口视野良好）、前排为尊"，但各地略有不同。请你根据这些原则，将"主陪、副陪、主宾、副主宾"写到图中相应的位置。

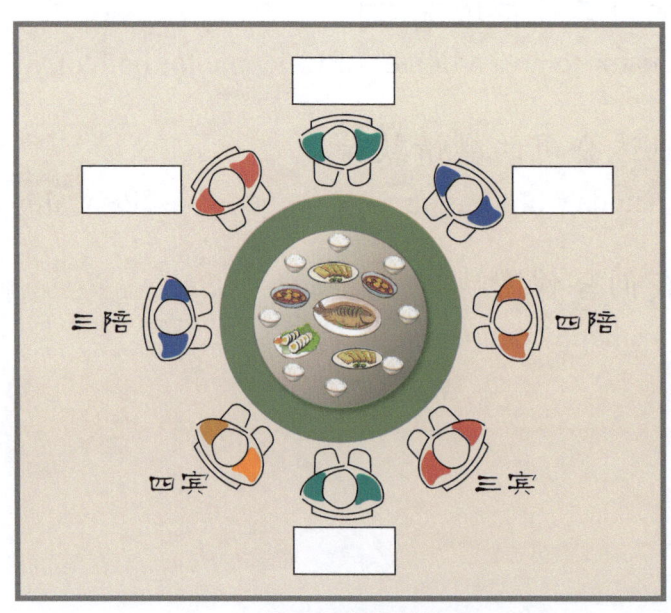

26

三、角色扮演，进行对话练习。

请你和小组同学分别扮演课文中的角色，仔细体会人物的身份、关系，模仿他们说话的语气语调，准确熟练地说出对话内容。

四、根据情景，用所给的语言形式完成句子。

1. 在行业交流会上，你代表讯达公司做行业市场分析报告。会议开始时，你可以这样说：

   _____

   （很荣幸、代表）

2. 在合作伙伴的欢迎晚宴上，你想向对方表达谢意并敬酒，可以怎么说？

   _____

   （盛情款待、敬）

五、根据情景，准确表达，得体交际。

1. 你代表公司宴请客户，敬酒之前你可以说些什么话表示欢迎？
2. 点菜前你想先了解一下客户的口味，可以怎么说？
3. 你请客户吃饭时点了几道特色菜，但都比较辣。上菜以后你发现有位客户一口也没吃，后来才知道他吃辣的会过敏，你该如何表达歉意并稍做解释？

六、小组合作，完成实战任务。（任选一个）

1. 假设你们公司有商务宴请活动，你负责预订饭店，请你根据给出的信息，用手机软件（如大众点评、美团等）选择合适的宴请饭店。

请你参考下面的表格，上课时用 PPT 展示饭店图片及相关信息，并说明选择的理由。

城市	人数	宴请目的、形式	饭店名称	饭店的特色、菜品、环境等
广州	5	欢迎外商来访的晚宴		
成都	12	分公司负责人来总公司开会，结束后的午宴		
苏州	38	重大项目合作成功，三家公司相关人员的庆功会		

2. 假设你毕业回国后开了一家贸易公司，今天晚上要接待一位中国老板及其随行人员。你很重视这次商务宴请活动，所以让秘书提前预订了当地最有特色的饭店，你和公司副总将出席这次宴会。请以小组合作的方式，分角色表演这次商务宴请活动。

贸易公司、中国老板、宴请饭店等具体信息可自行决定，上课时用图片、文字简要说明，宴请中的对话也要用 PPT 展示出来。

第二单元　考察与订购

Jason 和安娜在讯达公司总部体验手机新产品，然后在孟安诺的陪同下参观考察讯达公司的生产基地。经过谈判，双方达成一致，最后签订正式的订货合同。

在这一单元，你会看到这些人：

林小雨 —— 讯达公司综合事务部项目组组长，性格直爽，聪明大方，后来被调到市场部担任产品经理，帮助孟安诺迅速适应公司环境，教会孟安诺许多职场规则和技能。

赵志刚 —— 讯达公司东莞生产基地厂区经理，负责整个厂区的生产组织、人员安排和安全管理，这次带领 Jason 和安娜参观了工厂。

王一鸣 —— 讯达公司销售部部长，经验丰富，负责商务谈判、合同签订、销售计划制订及任务完成等。

第4课　这是我们公司的产品体验区

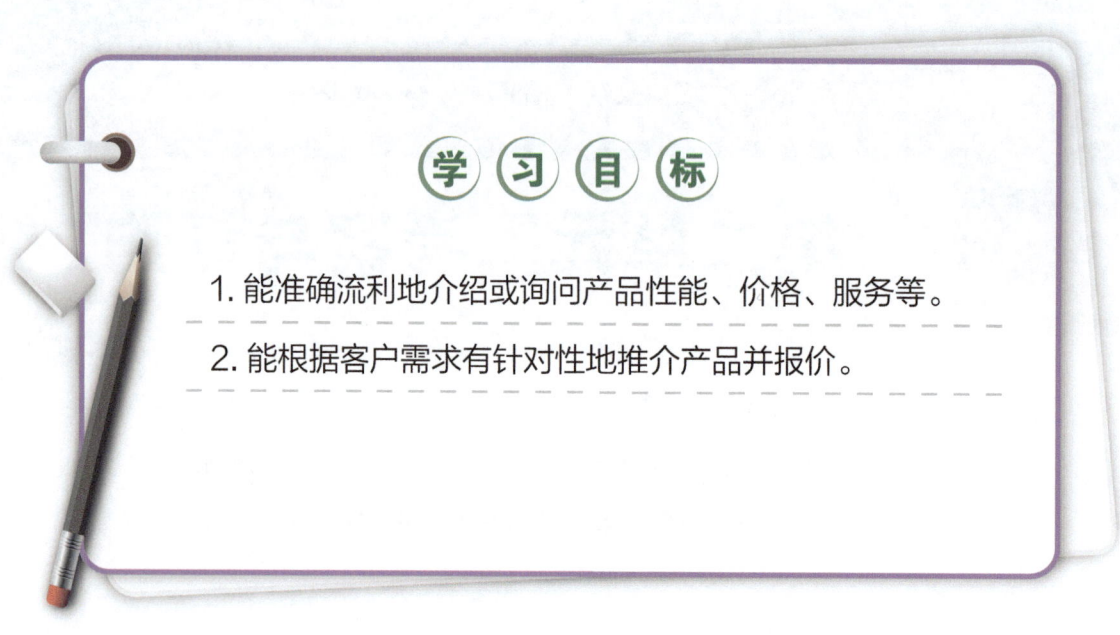

学习目标

1. 能准确流利地介绍或询问产品性能、价格、服务等。
2. 能根据客户需求有针对性地推介产品并报价。

热身活动

根据预习时的准备，说一说：

➣ 1. 在你们国家，哪些品牌的手机卖得比较好？有没有中国品牌？

➣ 2. 这些品牌受欢迎的原因是什么？它们满足了用户的哪些需求？

➣ 3. 如果换手机，你想买哪个品牌的？根据查找的信息，说说你选择这款手机的三个理由。

第4课 这是我们公司的产品体验区

 课文 04-1

（在产品体验区）

孟安诺：刚才企业**宣传片儿**里提到，最近三年讯达手机在非洲的销量增长很快，**截至**去年底，市场**份额**已经排名第一了❶。

安　娜：能取得这样的成绩，我想除了售价合理以外，还跟讯达的科技**研发**分不开吧？

孟安诺：对，我们的研发完全以用户为中心，比如非洲地区有很多**电信**公司，我们就研发出了能放四张SIM卡的手机。

安　娜：你们就是靠这个迅速打开非洲市场的吧？

孟安诺：不只是这个，我们还根据常见的停电问题推出了超长**待机系列**，待机时间长达21天。

林小雨：我们还在尼日利亚、肯尼亚、埃塞俄比亚**组建**了专门的研发**团队**，研发出拍照**优化**、大音量外放、本土语言**输入**等**功能**。

Jason：嗯，你们确实做到了以用户为中心❷。我想看一下你们的**报价**，我们马达加斯加人买手机很看重**性价比**。

林小雨：这是报价单。您看，这几**款**产品的性价比都很高，我估计会在马达加斯加大卖。

安　娜：我们那儿空气潮湿，气候炎热，有的时候手机受潮就开不了机，手指出汗也不能指纹解锁。

林小雨：这些问题我们都解决了，这几款手机都有防潮防汗功能，您可以亲自体验一下❸。

Jason：你们的售后服务怎么样？

孟安诺：讯达有完善的售后服务网络，哪里有讯达手机，哪里就有我们的售后服务中心❹。

安　娜：那不错，售后服务一定要做好，否则会严重影响销量的❺。

孟安诺：是的，马达加斯加是讯达下一步要开拓的重要市场，公司肯定会重视的。

生词　04-2

1.	宣传片儿	xuānchuánpiānr	名词	promotional video
2.	截至	jiézhì	动词	to be no later than
3.	份额	fèn'é	名词	share, portion

4.	研发	yánfā	动词	to research and develop
5.	电信	diànxìn	名词	telecommunications
6.	待机	dàijī	动词	to stand by
7.	系列	xìliè	名词	series
8.	组建	zǔjiàn	动词	to set up (an organization or a team)
9.	团队	tuánduì	名词	team, group
10.	优化	yōuhuà	动词	to optimize (design or enviroment)
11.	输入	shūrù	动词	to input
12.	功能	gōngnéng	名词	function
13.	报价	bàojià	名词/动词	quoted price; to quote (a price)
14.	性价比	xìngjiàbǐ	名词	cost-performance ratio
15.	款	kuǎn	量词/名词	*used to indicate a kind/type*; style
16.	受潮	shòucháo	动词	to be affected with damp
17.	指纹	zhǐwén	名词	fingerprint
18.	解锁	jiěsuǒ	动词	to unlock
19.	销量	xiāoliàng	名词	sales volume
20.	开拓	kāituò	动词	to open up (a market)

 三 常用表达

① 截至去年底,市场份额已经排名第一了。
By the end of last year, our market share had ranked first.

② 你们确实做到了以用户为中心。
You've really been user-centered.

③ 您可以亲自体验一下。
You can experience it yourself.

④ 哪里有讯达手机,哪里就有我们的售后服务中心。
Where there is a Xunda mobile phone, there is our after-sales service center.

⑤ 售后服务一定要做好,否则会严重影响销量的。
After-sales service must be done well, otherwise it will seriously affect sales.

 四 练习

一、读课文,回答下面的问题。

1. 讯达手机在非洲市场的销量怎么样?
2. 讯达手机销量增长很快的原因是什么?
3. 讯达公司"以用户为中心"的理念体现在哪些方面?
4. 林小雨为什么觉得这几款手机会在马达加斯加大卖?

5. 防潮防汗功能解决了马达加斯加人使用手机的哪些问题？

6. 售后服务为什么很重要？

7. 讯达公司的售后服务怎么样？

8. 讯达公司为什么很重视马达加斯加？

二、根据词语写出词组，前后添加都可以，然后说句子。

例：打开（打开市场）
要想打开海外市场，产品研发就要以海外目标用户为中心，开发出符合他们实际需求的产品。

1. 组建（　　　　）

2. 开拓（　　　　）

3. 截至（　　　　）

4. 体验（　　　　）

5. 提高（　　　　）

三、角色扮演，进行对话练习。

请你和小组同学分别扮演课文中的角色，仔细体会人物的身份、关系，模仿他们说话的语气语调，准确熟练地说出对话内容。

四、根据情景，用所给的语言形式完成对话。

1. 作为一家体育用品公司，你们公司计划举办一次面向员工和客户的运动会，你统计报名人数后向领导汇报。你们的对话可以是：

   A: _____

   B: _____

   （截至）

2. 客户询问你们公司的售后服务怎么样，你告诉他公司的售后服务非常完善，只要有产品销售，就会有售后服务。你们的对话可以是：

   A: _____

   B: _____

   （哪里有……，哪里就有……）

3. 新同事没有工作经验，但他明天就要去见客户了，于是他向你请教见客户的注意事项。你认为一定要把客户资料准备充分并且提前到达，要不然会给客户留下不好的印象。你们的对话可以是：

   A: _____

   B: _____

   （否则）

五、根据情景，准确表达，得体交际。

1. 你陪同客户看完宣传片儿后，想结合宣传片儿进一步说明你们公司的产品销量和市场情况，可以怎么说？
2. 向客户报价时，你想根据性价比重点推介几种产品，可以怎样推介？
3. 你向客户介绍产品时，客户提出了使用同类产品时遇到的几个问题，你可以怎么回应他？

六、小组合作，完成实战任务。（任选一个）

1. 假设你毕业回国后在一家公司工作，今天有中国客商来访问，你带领他们体验你们公司的产品，并向他们推介适合销售到中国的产品。请以小组合作的方式完成产品体验和推介的对话。

   公司的名称、推介的产品、报价等具体信息都由你们小组根据本国生产制造的真实情况讨论决定，上课时可以用图片、文字等简要说明。产品推介对话用PPT展示，内容应包括产品情况和公司情况两方面，如：

   产品情况：名称、功能、研发情况、报价、售后服务等。
   公司情况：销量、市场份额、市场开拓情况等。

2. 请根据自己的观察和上网查找的信息，选择三种在你们国家卖得最好的中国商品，分析一下这些商品卖得好的原因，然后以小组合作的方式做一份商品调查报告，报告可以用PPT展示，内容应包括商品基本信息、功能与特点、价格与销量、市场份额、销量好的原因分析。选择的中国商品可以是电子类、运动类、美妆类、汽车类、食品类、服装类、家具类、日用品类等。

第 5 课　这家工厂的规模可真不小

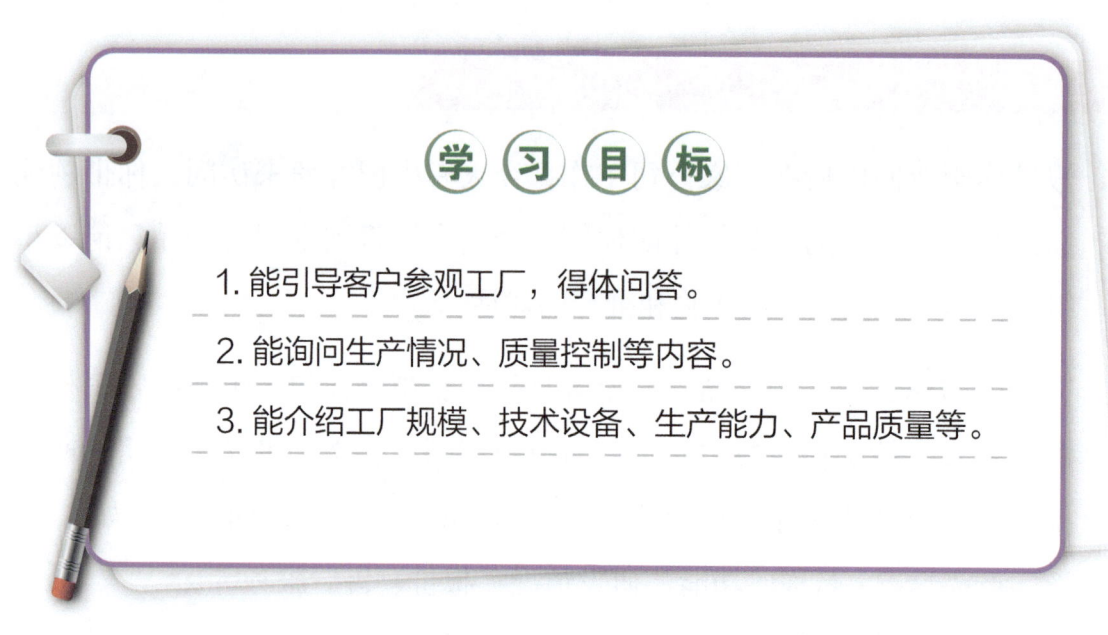

学习目标

1. 能引导客户参观工厂，得体问答。
2. 能询问生产情况、质量控制等内容。
3. 能介绍工厂规模、技术设备、生产能力、产品质量等。

热 身 活 动

请你调查一家工厂的基本情况，参考以下问题向大家介绍这家工厂。

▶ 1. 这是一家什么工厂？这家工厂在哪里？面积有多大？

▶ 2. 这家工厂的车间是什么样子的？车间的自动化程度怎么样？

第5课 这家工厂的规模可真不小

一 课文 05-1

（在讯达生产基地）

智能机器人：您的身份验证已完成，为了避免灰尘、毛发等污染厂区，保持无尘车间的清洁，请您穿好防尘服和鞋套，戴好防尘帽，感谢您的理解与配合❶。

赵志刚：各位，我是厂区经理赵志刚，今天我带你们参观一下。咱们先看一下厂区平面图，我们主要参观生产区、检测区和仓储区。如果有问题，可以随时问我。❷

Jason：好的。

孟安诺：赵经理平时非常忙，但二位是远道而来，所以赵经理特地抽出一小时，亲自为二位讲解❸。

安娜：感谢赵经理。从平面图上看，厂区占地面积105万平方米，这家工厂的规模可真不小！

赵志刚：是的。请这边走，我们先去生产区。

Jason：这里工人不多啊。

赵志刚：是的，因为我们的生产已经实现了全自动化。您眼前的这些设备比传统设备生产速度快，生产效率高，这样我们的人工需求就减少了很多。两个工人负责一条**生产线**，生产线之间的搬运工作由**物流**机器人和无人驾驶货车完成。

安　娜：这样不但能节省人工**成本**，也大大提高了生产效率。

赵志刚：对，上个**季度**我们这一个工厂的智能手机产量就已经达到 2000 万台了。

Jason：这么多手机，你们是怎么做到每一个产品都好的？

安　娜：Jason 是想问你们的**品控**做得怎么样？毕竟，消费者最看重的还是产品质量。❹

赵志刚：从**零部件**到**成品**，我们一直都按照国际最高标准检测❺，因为品控直接决定品牌**信誉**。等参观完检测区和仓储区，二位一定会对我们公司的**实力**更有信心。

二 生词

1.	基地	jīdì	名词	base
2.	验证	yànzhèng	动词	to verify
3.	无尘车间	wúchén chējiān		dust-free workshop
4.	防尘	fángchén	动词	to be dust-proof
5.	配合	pèihé	动词	to cooperate
6.	检测	jiǎncè	动词	to test
7.	仓储	cāngchǔ	动词	to store
8.	特地	tèdì	副词	specially
9.	占地	zhàndì	动词	to cover an area of
10.	自动化	zìdònghuà	动词	to automate
11.	生产线	shēngchǎnxiàn	名词	production line
12.	物流	wùliú	名词	logistics
13.	成本	chéngběn	名词	cost
14.	季度	jìdù	名词	quarter
15.	品控	pǐnkòng	名词	quality control
16.	零部件	língbùjiàn	名词	spare parts
17.	成品	chéngpǐn	名词	finished product
18.	信誉	xìnyù	名词	reputation
19.	实力	shílì	名词	strength

 常用表达

1. 感谢您的理解与配合。
   Thank you for your understanding and cooperation.

2. 如果有问题，可以随时问我。
   If you have any questions, please feel free to ask me.

3. 但二位是远道而来，所以赵经理特地抽出一小时，亲自为二位讲解。
   But you came from afar, so Manager Zhao specially took an hour to explain to you personally.

4. 毕竟，消费者最看重的还是产品质量。
   After all, what consumers care about most is product quality.

5. 从零部件到成品，我们一直都按照国际最高标准检测。
   From parts to finished products, we have been testing in accordance with the highest international standards.

 练习

一、读课文，回答下面的问题。

1. 在进入厂区前，孟安诺他们需要做什么？
2. Jason 他们主要参观哪些地方？
3. 赵经理为什么亲自为他们讲解？

4. 这家工厂的工人为什么不多？

5. 这家工厂的全自动化表现在哪些方面？

6. 全自动化有什么好处？

7. 这家工厂上个季度的产量怎么样？

8. 讯达公司的品控做得怎么样？

二、根据词语写出词组，前后添加都可以，然后说句子。

> 例：占地（占地面积）
> 新校区占地面积约 8000 亩，建成后将成为占地面积最大的一个校区。

1. 保持（　　　　）

2. 检测（　　　　）

3. 实现（　　　　）

4. 验证（　　　　）

5. 节省（　　　　）

三、角色扮演，进行对话练习。

请你和小组同学分别扮演课文中的角色，仔细体会人物的身份、关系，模仿他们说话的语气语调，准确熟练地说出对话内容。

四、根据情景，用所给的语言形式完成对话。

1. 在选择合作伙伴时，同事认为可以选择新成立的小公司，因为小公司费用低，但你认为应该选择大公司，因为大公司成立时间长、规模大，也更可靠。你们的对话可以是：

    A: _____

    B: _____

    （毕竟）

2. 在新品发布会上，有人问你新款智能手表适合什么人使用，你说上班族、学生党、老年人、小朋友都可以用。你们的对话可以是：

    A: _____

    B: _____

    （从……到……，都……）

五、根据情景，准确表达，得体交际。

1. 有客户来参观，公司领导百忙之中抽出时间亲自为他们讲解。作为接待人员，你可以怎样跟客户强调领导对他们的重视程度？
2. 参观访问某公司时，你了解到该公司有特别智能的机器人、特别干净的车间、特别高的产量等，你可能有哪些感叹？
3. 在听了对方公司关于生产线和产品情况的介绍后，你还想了解他们没提

第5课　这家工厂的规模可真不小

到的某个关键问题，比如质量控制、成本控制等，同时解释为什么问这个问题，你可以怎么说？

六、小组合作，完成实战任务。（任选一个）

现在世界各国之间的商品贸易越来越频繁，请选择一种在你们国家热销的中国产品，了解该产品的生产工厂；或者选择一种在中国热卖的你们国家的产品，了解该产品的生产工厂。

1. 参考下面表格中的内容，收集整理这家工厂的相关信息，用图片和文字在PPT上逐项展示说明，为大家介绍这家工厂的情况。

工厂名称	生产条件（车间设备、自动化程度等）
工厂概况（建厂时间、地点等）	质量控制（检测标准等）
工厂规模（占地面积、工人数量等）	产量（月、季度、年）
主要产品（种类、品牌等）	其他

2. 假设你是这家工厂的厂长或车间主任，同学是来参观的客户，请根据你了解的生产工厂的相关信息，以小组合作的方式分角色表演参观工厂的活动。

这家工厂的样子、车间内部的情况、产品等背景信息，以及角色之间的对话可以用图片和文字在PPT上展示。

第6课 我接受这个报价

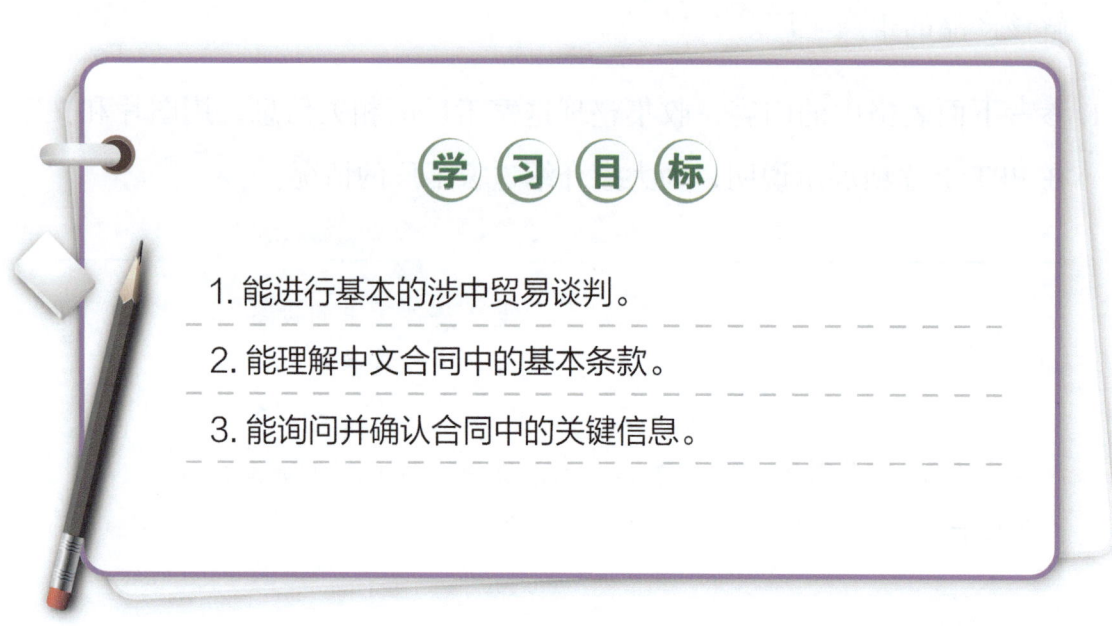

学习目标

1. 能进行基本的涉中贸易谈判。
2. 能理解中文合同中的基本条款。
3. 能询问并确认合同中的关键信息。

热身活动

根据预习时的准备，说一说：

> 1. 你认为签订合同前的谈判要涉及哪些内容？
> 2. 你知道信用证吗？它有什么用处？

一 课文 06-1

（在销售部部长王一鸣办公室）

安　娜：王总，我就开门见山了❶，这款S10智能手机，你们的最低报价是多少？

王一鸣：那要看你们的订货量有多大。

Jason：15万台。

王一鸣：那就每台125美元。

安　娜：王总，说实话，这款手机不属于新款，已经过了销售高峰期，不抓紧时间卖出去的话存在滞销风险。❷如果这次的价格一步到位，在短时间内完成销售，资金就能快速回笼，这不正好双赢吗？

王一鸣：Jason先生，我不得不说，您这助理太厉害了！❸这样吧，最低报价120美元。

Jason：好，我接受这个报价。那我们怎么付款？

王一鸣：讯达的惯例是即期信用证。

安　娜：但是这会占用我们大量资金，而且开立信用证很麻烦，费用也高。

王一鸣:万事开头难嘛。❹我们是初次合作,信用证方式能降低我们双方的风险。

Jason:那好吧。

(谈完保险、包装、装运、索赔等内容后)

孟安诺:这是根据刚才谈判拟订的销售合同,请您核对一下具体条款。

安 娜:好的,商品名称、型号、数量、单价这些都没问题。第八条这里,关于交货期,贵公司能保证三个月按时交货吗?

王一鸣:我们的交付日期不会迟于合同约定的日期。❺如果遇到不可抗力导致不能按时交货或不能交货,我们是可以免责的,这个在合同里已经写明了。

Jason:好的,明白了。

安 娜:合同里还有一条"质量异议买方应于货到目的口岸之日起30日内提出",可否加上一句"卖方应在收到异议后30日内答复"?

王一鸣:可以。

第6课　我接受这个报价

 生词 06-2

1.	高峰期	gāofēngqī	名词	peak period
2.	滞销	zhìxiāo	动词	to be dull of sale
3.	风险	fēngxiǎn	名词	risk
4.	一步到位	yíbù-dàowèi	成语	to settle a matter at one go
5.	资金	zījīn	名词	capital, fund
6.	回笼	huílóng	动词	to withdraw from circulation, to return
7.	双赢	shuāngyíng	动词	win-win
8.	惯例	guànlì	名词	usual practice, convention
9.	即期信用证	jíqī xìnyòngzhèng		sight letter of credit
10.	开立	kāilì	动词	to open (an account or a letter of credit)
11.	索赔	suǒpéi	动词	to claim for compensation
12.	谈判	tánpàn	动词	to negotiate
13.	拟订	nǐdìng	动词	to draw up (a plan, a contract or a standard)
14.	核对	héduì	动词	to check
15.	条款	tiáokuǎn	名词	clause

16. 型号	xínghào	名词	model
17. 交货期	jiāohuòqī	名词	date of delivery
18. 交付	jiāofù	动词	to deliver
19. 不可抗力	bùkěkànglì	名词	force majeure
20. 免责	miǎnzé	动词	to be exempted from liability
21. 异议	yìyì	名词	objection, dissent
22. 口岸	kǒu'àn	名词	port

 **常用表达**

① 我就开门见山了。
I'll come straight to the point.

② 王总，说实话，这款手机不属于新款，已经过了销售高峰期，不抓紧时间卖出去的话存在滞销风险。
Mr. Wang, to tell the truth, this mobile phone is not a new model and has passed its peak sales period. If you don't hurry up, it may be unmarketable.

❸ Jason 先生，我不得不说，您这助理太厉害了！
　　Mr. Jason, I have to say that you have an amazing assistant!

❹ 万事开头难嘛。
　　The first step is the hardest.

❺ 我们的交付日期不会迟于合同约定的日期。
　　Our delivery date will not be later than the date agreed in the contract.

 练习

一、读课文，回答下面的问题。

1. 安娜是怎么"开门见山"的？
2. 一般来说，报价和订货量有什么关系？
3. 安娜认为怎样才能实现"双赢"？
4. 安娜他们愿意用即期信用证方式付款吗？为什么？
5. 销售合同一般包括哪些条款？
6. 合同中的不可抗力指的是什么？
7. 如果有质量异议，买卖双方应该如何处理？

二、根据词语写出词组，前后添加都可以，然后说句子。

> 例：滞销（滞销产品）
> 这些旧款已经连续三个月销量为零了，看来已经成为滞销产品了，怎么办呢？
>
> 1. 开立 （　　　　　）
>
> _____
>
> 2. 回笼 （　　　　　）
>
> _____
>
> 3. 拟订 （　　　　　）
>
> _____
>
> 4. 核对 （　　　　　）
>
> _____
>
> 5. 风险 （　　　　　）
>
> _____

三、角色扮演，进行对话练习。

　　请你和小组同学分别扮演课文中的角色，仔细体会人物的身份、关系，模仿他们说话的语气语调，准确熟练地说出对话内容。

第6课　我接受这个报价

四、根据情景，用所给的词语完成对话。

1. 关于新产品的市场份额越来越低的原因，同事认为是研发人员的能力不足，而你认为根本原因在于研发经费太少。你们的对话可以是：

   A：_____

   B：_____

   （说实话）

2. 你们公司的产品连续两年销量严重下降，经过调查，你发现竞争对手的生产管理模式和销售方式其实跟你们差不多，关键是对方的研发能力太强了，他们从世界各地聘请了大量顶级科研人才。领导询问调查结果时，你们的对话可以是：

   A：_____

   B：_____

   （不得不说）

3. 你们公司最近受国际形势影响较大，老板问生产和销售何时能恢复到以前的水平时，你根据当前的国际形势做了回答。你们的对话可以是：

   A：_____

   B：_____

   （不会早于）

五、根据情景，准确表达，得体交际。

1. 如果你不想说太多的客气话，想直接询问对方的意思，或者直接说要谈的事情，可以怎么说？

2. 谈生意时，你可以如何说服对方降价？

3. 做一件事情，开始的时候总会有些困难，但你想鼓励大家做下去，可以怎么说？

六、小组合作，完成实战任务。（任选一题）

1. 假设你毕业回国后在一家贸易公司工作，这几天到中国和厂家订货、谈判并签订合同。请你和小组同学分别扮演买卖双方，在中国厂家的会议室完成合同的谈判与签订。

2. 假设你毕业回国后在一家本地企业工作，这几天有中国客户来你们工厂订货，你负责和他们谈判并签订合同。请你和小组同学分别扮演买卖双方，在你们企业的会议室完成合同的谈判与签订。

上述两题任选一题，其中与合同有关的货品名称、型号、厂家等具体信息，可以根据两国贸易的真实情况上网查找后选定。对话内容必须包含合同的关键信息，如商品名称、型号、单价、数量、总金额、付款方式、交货期、索赔等，谈判过程中要有对价格、付款方式、交货期的争议与商定。相关信息和对话内容上课时用PPT展示。

第三单元　新产品推广与销售

讯达公司推出了一款智能运动手表，孟安诺和同事们讨论针对欧洲地区的推广方案、代言人选择和具体促销方案。销售部王一鸣部长派孟安诺去塞尔维亚分公司协助首发促销。

在这一单元，你会看到这些人：

高万云　　讯达公司推广部媒体运营经理，具有媒体运营专业背景，负责新产品推广方案的制订与执行。

李飞　　讯达公司推广部职员，擅长新媒体推广方案设计，是智能运动手表推广方案组的主要成员。

第7课　我们的广告最好新旧结合

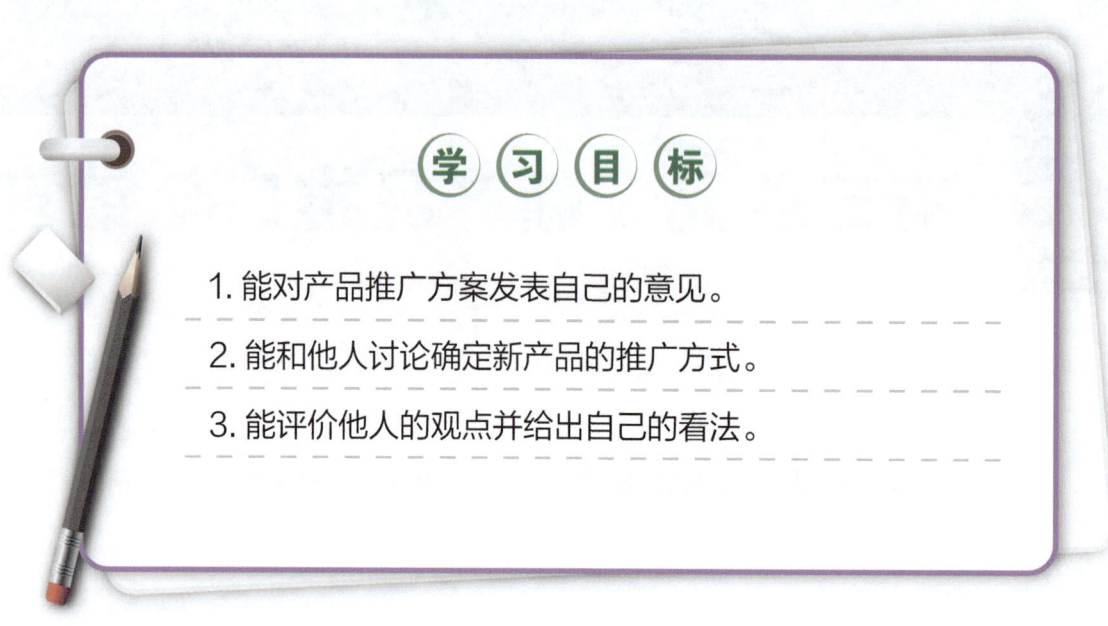

学习目标

1. 能对产品推广方案发表自己的意见。
2. 能和他人讨论确定新产品的推广方式。
3. 能评价他人的观点并给出自己的看法。

热身活动

根据预习时的准备，说一说：

> 1. 你找到的广告或信息是推广什么产品的？
> 2. 这个广告或推广信息是在哪儿出现的？
> 3. 你觉得这种推广方式的效果怎么样？

 课文 07-1

第7课 我们的广告最好新旧结合

（在推广部会议室）

高万云：关于孟安诺的推广方案，大家都发表一下意见。

李　飞：高经理，那我先说说吧❶。我觉得方案里的广告营销模式比较保守，大部分都是传统媒体广告。现在是互联网时代，传统媒体的劣势越来越明显。反之，新媒体广告形式多样，互动性强，信息量大，投放更灵活，推送也更精准。❷

孟安诺：新媒体的优势固然很多，但不可否认，传统媒体真实性更高，公信力更强，不像新媒体那样良莠不齐，真假难辨。❸

李　飞：现在各大公司的广告预算中，传统媒体占比逐年下降，新媒体持续稳定增长，尤其是手机媒体，因为现在人人都离不开手机。

孟安诺：那倒也是❹，不过现在传统媒体也在向新媒体转型，不少纸媒都开通了官方微博和微信公众号，有的还开发了自己的APP。

高万云：你们俩说的都有道理。❺既然新旧媒体各有所长，而且有互相融合的趋势，那么我们的广告最好新旧结合，优势互补，线上、线下同时进行。

李　飞：那咱们主要投放哪些*类型*的广告呢？户外广告，互联网广告，*植入*广告？

高万云：嗯，广告类型要多样化，也要找准消费群体。

李　飞：那中国这些*新兴*推广方式在欧洲市场是否可行？

孟安诺：你指的是让我们的产品上*热搜*？还是在 Facebook、YouTube、Instagram 这样的平台上推广一下？

李　飞：我觉得都可行，这样可以利用粉丝经济来营销。其实我觉得直播带货也可以参考。

孟安诺：你一说我想起来了❻，我还在直播间里买过东西呢！直播间里几秒钟就能带来千万级销量，简直就是*秒杀*，再说欧洲也有"网红"啊！

高万云：那这样，你们先做一个针对欧洲市场的新媒体推广*可行性*分析报告，下周一提交给我，然后我们再调整具体的推广方案。

孟安诺：好的，我们一定按时提交。

第7课　我们的广告最好新旧结合

 生词 07-2

1.	营销	yíngxiāo	动词	(to do) marketing
2.	模式	móshì	名词	model, mode, pattern
3.	保守	bǎoshǒu	形容词	conservative
4.	媒体	méitǐ	名词	media
5.	劣势	lièshì	名词	disadvantage, weakness
6.	投放	tóufàng	动词	to put in (an advertisement, money, goods)
7.	推送	tuīsòng	动词	to push (a message, an article, information)
8.	精准	jīngzhǔn	形容词	accurate
9.	公信力	gōngxìnlì	名词	public credibility
10.	良莠不齐	liángyǒu-bùqí	成语	the good and the bad are mixed together
11.	预算	yùsuàn	名词	budget
12.	占比	zhànbǐ	名词	proportion
13.	逐年	zhúnián	副词	year by year
14.	转型	zhuǎnxíng	动词	to transform its development model
15.	类型	lèixíng	名词	type
16.	植入	zhírù	动词	to implant (a chip, an advertisement, etc.)

17.	新兴	xīnxīng	形容词	newly developing, newly emerging
18.	热搜	rèsōu	名词	trending topic
19.	秒杀	miǎoshā	动词	to seckill
20.	可行性	kěxíngxìng	名词	feasibility

 常用表达

① 那我先说说吧。
Let me say something first.

② 现在是互联网时代，传统媒体的劣势越来越明显。反之，新媒体广告形式多样，互动性强，信息量大，投放更灵活，推送也更精准。
In the Internet era, the disadvantages of traditional media are more and more obvious. On the contrary, new media advertising has various forms, strong interaction, a large amount of information, more flexible delivery, and more accurate push.

③ 新媒体的优势固然很多，但不可否认，传统媒体真实性更高，公信力更强，不像新媒体那样良莠不齐，真假难辨。
Of course, there are many advantages of new media, but it is undeniable that traditional media has higher authenticity and stronger credibility. Unlike new media, the good is mixed up with the bad, and it is difficult to distinguish between true and false.

第7课　我们的广告最好新旧结合

4　那倒也是。
That's true.

5　你们俩说的都有道理。
You both have a point.

6　你一说我想起来了。
As soon as you mentioned it, I remembered.

 四　练习

一、读课文，回答下面的问题。

1. 高万云让大家发表关于什么的意见？
2. 李飞觉得孟安诺的方案怎么样？
3. 李飞更看好哪种广告？
4. 孟安诺对新媒体和传统媒体的看法是怎样的？
5. 李飞说服孟安诺了吗？
6. 高万云是如何回应李飞和孟安诺的讨论的？
7. 课文中提到的新兴推广方式有哪些？
8. 关于直播带货，孟安诺的观点是什么？

二、根据词语写出词组，前后添加都可以，然后说句子。

> 例：推广（品牌推广）
> 这两年他们公司的品牌推广做得很不错，品牌知名度提升很快。
>
> 1. 发表 （　　　　）
>
> _____
>
> 2. 投放 （　　　　）
>
> _____
>
> 3. 提交 （　　　　）
>
> _____
>
> 4. 开通 （　　　　）
>
> _____
>
> 5. 逐年 （　　　　）
>
> _____

三、角色扮演，进行对话练习。

请你和小组同学分别扮演课文中的角色，仔细体会人物的身份、关系，模仿他们说话的语气语调，准确熟练地说出对话内容。

四、根据情景，用所给的语言形式完成句子或对话。

1. 人力资源部正在讨论是否实行弹性工作制，你认为关键要看适不适合你们公司，适合的话就能提高工作效率，降低办公成本，不适合的话会增加沟通成本，造成工作混乱。在会上你可以这样说：

   _____

   （反之）

2. 你们小组完成了一个重要项目，你认为项目的成功确实是因为大家的努力和团结，但项目组组长在关键时刻的正确判断起了决定性作用。在总结报告中，你可以这样说：

   _____

   （固然……，但……）

3. 关于公司的考勤打卡规定，你觉得过于严格，应该取消，而人力资源部的同事却觉得不能取消，他说的理由听起来好像也有道理，而且现在也找不到理由反驳他。你们的对话可以是：

   A：_____

   B：_____

   （倒）

五、根据情景，准确表达，得体交际。

1. 在公司会议上，如果你第一个发言，又想表示一下谦虚，第一句话可以怎么说？

2. 你一开始很坚持自己的观点，后来听了别人从不同角度给出的看法和理由，觉得他说的也没错，这种情况下你可以怎么表达？

3. 你的两个组员在一个问题上产生了不同意见，其实他们的意见都有一定的道理，作为组长你可以怎么说？

4. 别人说起一件事时，你突然想起一件与之相关的事情，这时你可以怎么说？

六、小组合作，完成实战任务。（任选一题）

1. 假如你回国后在一家外贸公司工作，要在公司会议上做一次热销商品推广方式调研报告。请结合你平时的观察，上网搜索在你们国家最受欢迎的中国商品有哪些，或者在中国最受欢迎的你们国家的商品有哪些，然后调查一下这些商品的消费者主要是哪些群体，你经常在哪些媒体上看到这些商品的信息，它们的广告有哪些类型，这些商品经常在哪些平台上推广，它们是怎么被推广的，等等。最后思考总结一下这些商品受欢迎的原因。

上课时模拟公司开会的场景，将老师和其他同学看作你的同事，用图片和文字在PPT上逐项展示说明以上内容，也可以汇总成一个表格来说明。

商品名称	受欢迎的原因	消费群体	媒体选择	广告类型	推广平台及方式

2. 假设你在一家外贸公司工作,需要选择一种产品进行推广。请你上网查找一种中国产品,将它推广给你们国家的消费者,或者查找你们国家的一种产品,将它推广给中国消费者。

请以小组合作的方式为这个产品做一份推广方案,方案内容至少应包括产品特点、消费群体、媒体选择、广告类型、推广平台。上课时将老师和其他同学看作公司同事,用PPT向大家展示说明。

第 8 课　选对了代言人就能事半功倍

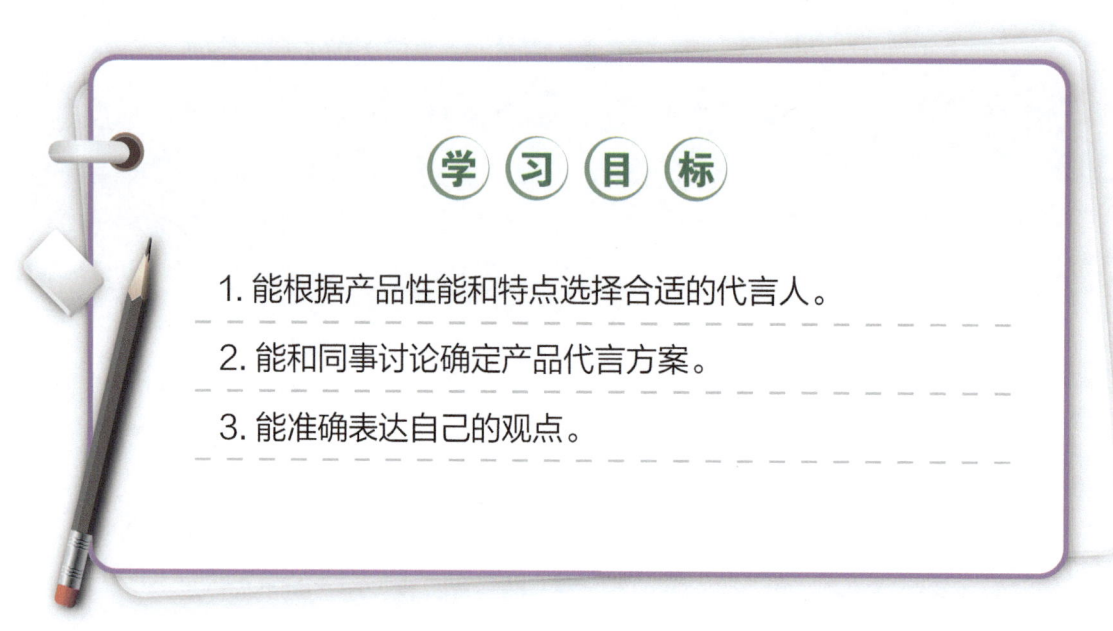

学习目标

1. 能根据产品性能和特点选择合适的代言人。

2. 能和同事讨论确定产品代言方案。

3. 能准确表达自己的观点。

热身活动

根据预习时的准备，说一说：

› 1. 你会因为喜欢某个明星而去买他/她代言的产品吗？曾经买过什么？

› 2. 如果你想买一款智能运动手表，你会选择哪个品牌？为什么？

› 3. 品牌为产品选择代言人时，一般会考虑哪些因素？

第8课 选对了代言人就能事半功倍

 课文 08-1

（在推广部会议室）

高万云： 公司新推出了一款智能运动手表，计划年内上市。今天主要讨论欧洲地区代言人的选择问题，大家都说说自己的看法。

李　飞： 好的，那我先说一下吧。既然是智能运动手表，代言人最好选择欧洲体育明星，通过明星效应扩大品牌知名度，从而实现品牌溢价❶。

孟安诺： 我觉得这款手表主打的是普通人的日常健康生活理念，比如接打电话、移动支付、步数记录、心率监测等，我们最好选择更有亲切感的"草根"网红，这样才能提高消费者的购买意愿，短时间内把产品打造成爆款。

林小雨： 这个思路听上去不错❷，但是对我们这样的大企业来说，代言人最好选择那些在专业领域有一定成就的大明星，那些口碑良好的大明星更能代表我们的企业形象。

高万云：这款手表属于可穿戴设备，设计很有潮流感。明星也好，"网红"也罢，只要能引领潮流，就可以考虑。❸最好让明星代言、"网红"带货，充分发挥各自的优势。

李　飞：还要考虑到这款手表的消费群体主要集中在18～45岁，他们追逐功能，爱好科技，并且有一定的经济基础。我们一定要针对目标消费群体去选择明星或"网红"。

林小雨：对，这一点很关键❹。选对了代言人就能事半功倍，选错了就会事倍功半。❺那我们到底选谁呢？

孟安诺：欧洲有几个明星很符合这款手表的定位，也有一些"网红"流量很大，我整理一下他们的资料，下周一发给各位。

二　生词　08-2

1.	代言人	dàiyánrén	名词	spokesperson
2.	效应	xiàoyìng	名词	effect
3.	溢价	yìjià	动词	to pay a premium (over sth.'s face value/original price)

4.	主打	zhǔdǎ	动词	to feature, to specialise in
5.	监测	jiāncè	动词	to monitor
6.	草根	cǎogēn	名词	grass roots
7.	意愿	yìyuàn	名词	will, intention
8.	打造	dǎzào	动词	to forge, to create, to build
9.	爆款	bàokuǎn	名词	hot-selling product
10.	思路	sīlù	名词	(train of) thinking
11.	领域	lǐngyù	名词	field, area
12.	口碑	kǒubēi	名词	public praise, word of mouth
13.	形象	xíngxiàng	名词	image
14.	潮流感	cháoliúgǎn	名词	stylish sense
15.	引领	yǐnlǐng	动词	to lead
16.	发挥	fāhuī	动词	to give play to
17.	集中	jízhōng	动词	to concentrate
18.	追逐	zhuīzhú	动词	to pursue
19.	事半功倍	shìbàn-gōngbèi	成语	to get twice the result with half the effort
20.	定位	dìngwèi	动词	to target, to position
21.	流量	liúliàng	名词	(rate of) flow

 常用表达

1. 通过明星效应扩大品牌知名度，从而实现品牌溢价。
Expand the popularity of the brand through star effect so as to achieve brand premium.

2. 这个思路听上去不错。
It sounds like a good idea.

3. 明星也好，"网红"也罢，只要能引领潮流，就可以考虑。
Both a star and an online celebrity can be considered as long as they can lead the trend.

4. 这一点很关键。
This is crucial.

5. 选对了代言人就能事半功倍，选错了就会事倍功半。
You can get twice the result with half the effort if you choose the right spokesperson, and half the result with twice the effort if you choose the wrong spokesperson.

 练习

一、读课文，回答下面的问题。

1. 新款智能运动手表大概什么时间上市？
2. 这次会议的主题是什么？

第8课　选对了代言人就能事半功倍

3. 李飞为什么想选欧洲体育明星做代言人？
4. 孟安诺认为"草根网红"做代言人的好处是什么？
5. 林小雨同意孟安诺的观点吗？
6. 关于代言人的选择问题，高万云是怎么考虑的？
7. 新款智能运动手表的目标消费群体有什么特点？
8. 孟安诺要整理什么资料？

二、根据词语写出词组，前后添加都可以，然后说句子。

例：提高（提高购买意愿）
选择更有亲切感的"草根网红"做代言人，能提高消费者的购买意愿。

1. 推出（　　　　　）

_____

2. 扩大（　　　　　）

_____

3. 发挥（　　　　　）

_____

4. 引领（　　　　　）

_____

5. 主打（　　　　　）

_____

三、角色扮演，进行对话练习。

请你和小组同学分别扮演课文中的角色，仔细体会人物的身份、关系，模仿他们说话的语气语调，准确熟练地说出对话内容。

四、根据情景，用所给的语言形式完成句子。

1. 作为生产部门的车间组长，你认为目前工厂的一些陈旧设备影响了生产效率。在讨论会上，你想建议部门领导更新设备，以此提高生产效率。你可以说：

   _____

   （从而）

2. 公司需要采购一批零件，经理交代你："不管是进口的还是国产的，只要质量好，并且能在月底交货就可以，急用。"关于这批零件，你在开采购会时可以说：

   _____

   （……也好，……也罢）

3. 中国企业走向世界，除了产品质量优良以外，品牌效应也越来越重要。品牌建设得好，能够带动企业顺利在海外发展，反之，则会困难重重。企业发展和品牌建设的关系可以这样说：

   _____

   （事半功倍 / 事倍功半）

五、根据情景，准确表达，得体交际。

1. 会议上，领导让大家都说说自己的看法，同事们都在思考中，你心里已经有了一个比较成熟的想法，你可以怎样开始你的发言？

2. 会议上，一位同事提出了一个初步的想法，你觉得这个想法很不错，有新意，但还需要论证可行性，你可以怎么说？

3. 在表达自己的观点前，通常需要先肯定对方的观点，再根据你们公司的具体情况，提出你的不同观点和理由，你可以怎么说？

4. 在讨论快要结束时，同事补充了一个要注意的问题，恰好是你没有想到但又很关键的问题，这时你可以说些什么？

六、小组合作，完成实战任务。（任选一题）

1. 假如课文中所说的新款智能运动手表计划在你们国家或地区上市，请小组讨论后，为这款手表选择一位合适的区域代言人，并制作一份可行性报告。在报告中，需要说明你们的调查方式、代言人的基本信息和选择该代言人的理由，理由可以包括代言人与产品的适配度、以往的成功代言案例、代言费用和公司预算等。

    上课时模拟公司开会的场景，将老师和其他同学看作你的同事，用图片和文字在 PPT 上逐项展示说明。

2. 随着都市生活节奏的加快，饭后洗碗成了很多上班族的困扰，虽然自己做的饭吃着又放心又舒服，但饭后洗碗却又无趣又费时。自动洗碗机能解决这个问题，把锅碗瓢盆放进去，再按一下按钮，你就什么都不用管了，不但省时省力，还比手洗干净得多。

    你们公司的自动洗碗机新品计划年底上市，在关于代言人选择的问题上，大家的观点各不相同，都提出了各自心目中最适合的人选，有的是粉丝数量多的年轻男明星，有的是有家庭生活经验的女演员，有的是业界知名的厨师，有的是美食博主。请你和小组同学根据各自的观点，模拟开会讨论的场景，展开对话。

提示：选择代言人的理由可以包括但不限于以下几点。

（1）销售地区的生活方式。

（2）目标消费群体的生活习惯。

（3）代言人的个人风格与特点等。

第9课 这个活动力度确实不小

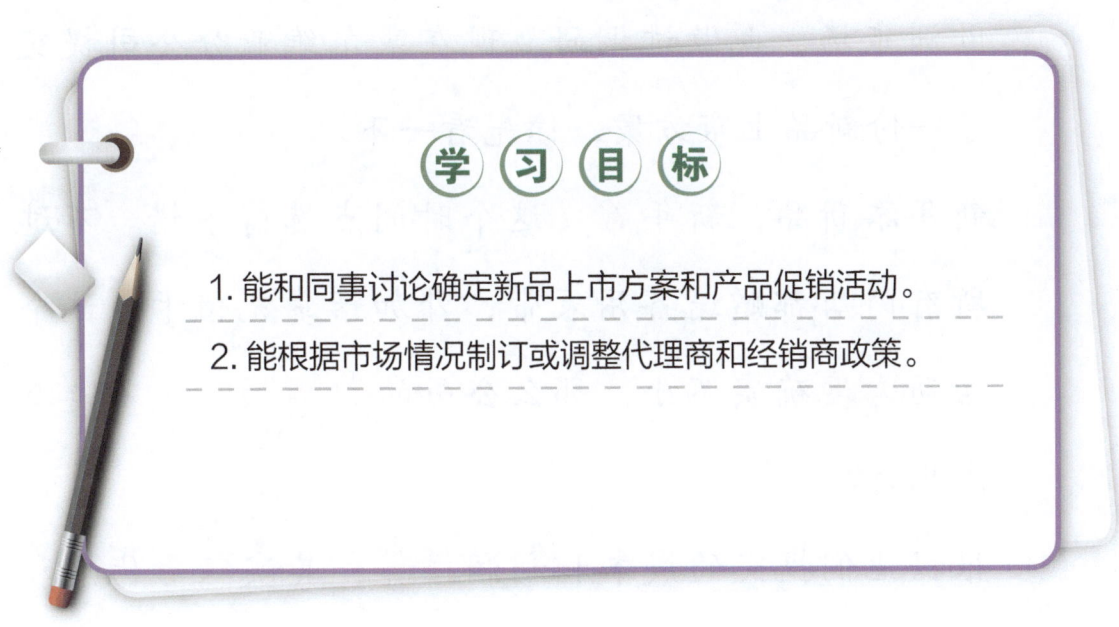

1. 能和同事讨论确定新品上市方案和产品促销活动。
2. 能根据市场情况制订或调整代理商和经销商政策。

热身活动

根据预习时的准备,说一说:

> 1. 你觉得新产品一般选择什么时间上市比较合适?
> 2. 你们国家常用哪些促销方式?
> 3. 中间商、代理商和经销商有什么不同?

一 课文 09-1

（在销售部部长王一鸣办公室）

王一鸣： 安诺，我们的智能运动手表即将上市，你比较了解欧洲市场，也做过调研，现在塞尔维亚分公司提交了一份新品上市方案，你先看一下。

孟安诺： 新年添新品，新年首发这个时间点选得不错。不过所有门店都赠送备用表带，外加话费充值卡，这个活动力度确实不小，那么公司的利润损失是不是有点儿大？

王一鸣： 根据他们提交的成本和利润核算，其实双重优惠和直接打折比起来，利润损失并没有增加，但是对消费者更有吸引力。

孟安诺： 是不是也可以考虑新年抽奖活动？❶新年嘛，大家都想讨个好彩头❷，而且一定要保证消费者百分百中奖，哪怕末等奖只是一瓶洗手液，也不能让消费者失望❸。

王一鸣： 嗯。塞尔维亚电商平台的销量怎么样？

孟安诺： 虽然比不上淘宝、京东，但也有不少年轻人习惯网购，我们也可以考虑和几家大的电商平台合作搞个旧款促销活动。

王一鸣：这个想法很好。其实这次叫你来，就是想派你去塞尔维亚分公司，一是协助他们完善新品首发和旧款促销方案，二是公司调整了针对本土中间商的激励政策，你协助分公司开个说明会。

孟安诺：代理商和经销商的政策都调整了吗？

王一鸣：对，都调整了。代理商完成销售定额后，销售额每增加100万元，佣金率提高0.3个百分点，最高不超过8%。❹经销商方面，我们会用拉大批零差价的方式调动他们的积极性。

生词 09-2

1.	首发	shǒufā	动词	to release or publish for the first time
2.	力度	lìdù	名词	strength, force
3.	利润	lìrùn	名词	profit

4.	损失	sǔnshī	名词/动词	loss; to lose
5.	核算	hésuàn	动词	to examine and calculate
6.	双重	shuāngchóng	形容词	double
7.	抽奖	chōujiǎng	动词	to draw a lottery or raffle
8.	彩头	cǎitóu	名词	good luck, good omen
9.	电商	diànshāng	名词	e-commerce
10.	促销	cùxiāo	动词	to promote sales
11.	完善	wánshàn	动词	to make...better
12.	调整	tiáozhěng	动词	to adjust
13.	激励	jīlì	动词	to motivate
14.	协助	xiézhù	动词	to assist, to help
15.	代理商	dàilǐshāng	名词	agent, agency
16.	经销商	jīngxiāoshāng	名词	dealer
17.	政策	zhèngcè	名词	policy
18.	定额	dìng'é	名词	quota
19.	佣金	yòngjīn	名词	commission
20.	批零差价	pīlíng chājià		differences between wholesale and retail prices
21.	调动	diàodòng	动词	to mobilize

 **常用表达**

① 是不是也可以考虑新年抽奖活动？
Can we also consider the New Year lottery?

② 新年嘛，大家都想讨个好彩头。
For the New Year, everyone wants to ask for a happy omen.

③ 哪怕末等奖只是一瓶洗手液，也不能让消费者失望。
Even if the last prize is a bottle of hand sanitizer, we cannot let consumers down.

④ 代理商完成销售定额后，销售额每增加100万元，佣金率提高0.3个百分点，最高不超过8%。
After the agent completes the sales quota, the commission rate will increase by 0.3 percentage points for every 1 million *yuan* increase in sales to a maximum of 8%.

 **练习**

一、读课文，回答下面的问题。

1. 王一鸣让孟安诺看什么？为什么？
2. 孟安诺为什么觉得公司的利润损失有点儿大？
3. 王一鸣认为对消费者更有吸引力的促销方式是什么？

4. 孟安诺认为新年抽奖活动应该注意什么？

5. 关于塞尔维亚电商平台，孟安诺的建议是什么？

6. 王一鸣派孟安诺去塞尔维亚做什么？

7. 塞尔维亚代理商的政策是如何调整的？

8. 塞尔维亚经销商的政策是如何调整的？

二、根据词语写出词组，前后添加都可以，然后说句子。

例：调整（价格调整）

这次的价格调整力度很大，希望能真正起到促销作用。

1. 损失 （　　　　　）

_____

2. 核算 （　　　　　）

_____

3. 激励 （　　　　　）

_____

4. 调动 （　　　　　）

_____

5. 协助 （　　　　　）

_____

三、角色扮演，进行对话练习。

请你和小组同学分别扮演课文中的角色，仔细体会人物的身份、关系，模仿他们说话的语气语调，准确熟练地说出对话内容。

四、根据情景，用所给的语言形式完成句子。

1. 作为公司品控部门的负责人，开会的时候你再三向员工们强调必须要达到100%的合格率，不符合要求的产品就算只有一个，也是对消费者的不负责任。你可以这样说：

   _____

   （哪怕……，也……）

2. 根据调查，你发现当工人的技能水平在初级时，车间的平均日产量是1300件/天；当工人的技能水平达到中级时，车间的平均日产量是1800件/天；当工人的技能水平达到高级时，车间的平均日产量是2300件/天。在总结报告中，你可以这样说：

   _____

   （每……，……）

五、根据情景，准确表达，得体交际。

1. 和领导谈话时，领导询问你的看法，你该如何委婉地提出自己的想法或意见？
2. 交代复杂工作或安排多项任务时，怎样才能让你的表达更加清楚？
3. 遇到难题时，有时需要付出很大的代价才能解决。为了解决问题，你把最差的情况都想到了，这种情况下你该如何表达你的决心？

六、小组合作，完成实战任务。（任选一题）

1. 假设你们是中国某品牌汽车公司销售部的职员，计划在你们国家进行汽车新品上市促销活动，请搜索该品牌官网的产品介绍，并结合本国消费者的实际情况，写一份促销活动方案，用图片和文字在PPT上逐项展示说明。上课时，将老师和同学看作其他部门的同事，向大家汇报并展示促销活动方案。

   促销活动方案至少应包含以下信息：促销活动主题、促销活动目的、促销活动时间、促销活动内容、促销活动规则。

2. 在你们国家，一般什么时候会有商品促销活动？一般会采用什么样的促销方式？促销效果怎么样？假设你们是中国某电子产品在你们国家的销售总代理，需要和中国总公司派来的代表讨论该电子产品的促销活动方案。请根据你们国家的具体情况，就促销时间、促销平台、促销商品、促销方式、预期效果等提出自己的思路，与总公司代表充分交流并初步确定促销方案。

   请小组成员分角色扮演中国总公司代表和代理公司职员，就促销方案展开对话，对话内容用图片和文字在PPT上展示说明。

第四单元　参加展销会

市场部经理齐北月让孟安诺申请广交会（中国进出口商品交易会）展位。在展会上，孟安诺协助林小雨向客户介绍并展示了智能音箱，他还和研发部的刘文也在无人机零部件展区考察了摄像头产品。

在这一单元，你会看到这些人：

齐北月　　　讯达公司市场部展会项目经理，给孟安诺安排了申请广交会展位的工作。

刘文也　　　讯达公司研发部无人机项目工程师，广交会期间负责考察并采购零部件产品。

第10课　在官网平台申请品牌展位

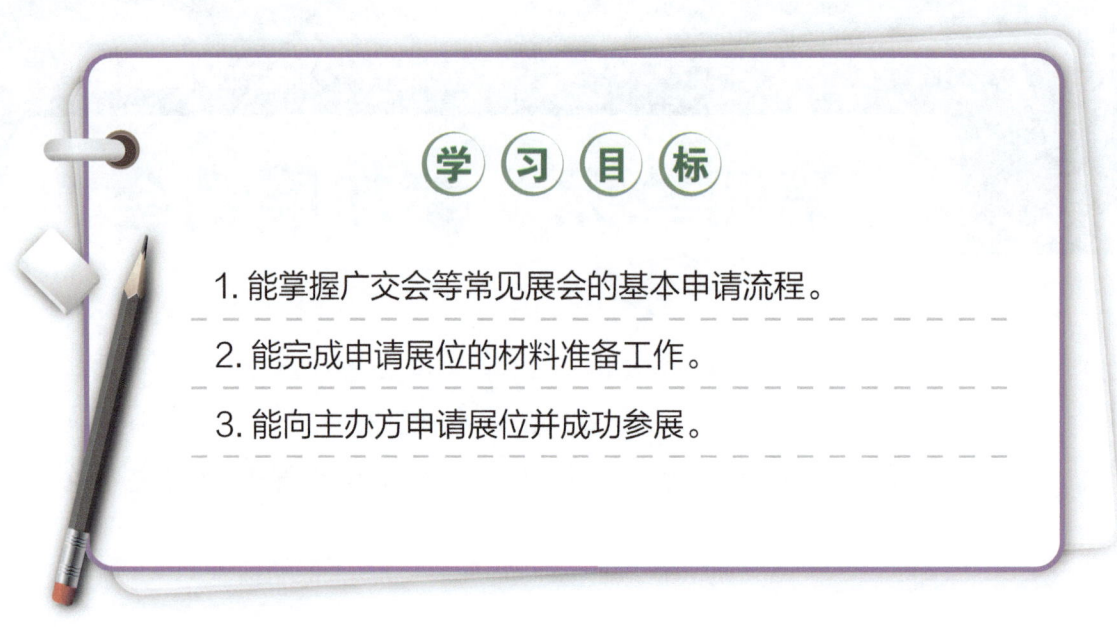

学习目标

1. 能掌握广交会等常见展会的基本申请流程。
2. 能完成申请展位的材料准备工作。
3. 能向主办方申请展位并成功参展。

热 身 活 动

搜索广交会官网，回答下面的问题。

> 1. 最近一次广交会是什么时候举办的？线上还是线下？
> 2. 广交会进口展上有没有你们国家的参展企业和商品？
> 3. 广交会出口展上有没有适合出口到你们国家的商品？

一 课文 10-1

（在市场部展会项目经理齐北月办公室）

齐北月：安诺，你听说过广交会吗？

孟安诺：听说过，就是中国进出口商品交易会。

齐北月：对，广交会每年春秋两季在广州举办，我们每年都会参加。今年秋季这次你负责跟承办单位联系，在官网平台申请品牌展位。

孟安诺：好的。

齐北月：严格按照官网上的参展申请材料清单去准备，一共六项，其中要特别注意，根据海关编码统计的出口额是展位安排的重要参考标准❶，一定要确保准确无误❷。

孟安诺：明白了，我马上回去准备。

（当天下午，在齐北月办公室）

孟安诺：齐总，六项材料我都准备好了，参展申请表、营业执照、进出口企业资格证书、海关报关注册登记证书、2022年度增值税纳税申报表、产品介绍及相关证明，请您过目❸。

齐北月：没问题，申请表盖章后，所有材料都提交交易团审核。

（在办公室）

交易团审核员：你好，是讯达公司市场部吗？我是广交会深圳交易团审核处。你们公司填写的海关编码已经失效，无法查询对应的出口额，请你们再核实一下。

孟安诺：好的，我尽快去核实一下，再给您回复❹。

林小雨：嗯？需要核实什么？哪里出问题了？

孟安诺：我们海关编码好像填错了，但文件上写的就是这个呀。

林小雨：你查的是哪一年的文件？

孟安诺：2020年的。

林小雨：我们公司的海关编码在2021年变更过，你填的是旧的。

孟安诺：怪不得呢。

林小雨：看看，又是细节决定成败吧❺。

第10课　在官网平台申请品牌展位

二　生词 10-2

1.	交易会	jiāoyìhuì	名词	trade fair
2.	承办	chéngbàn	动词	to undertake, to contract to do a job
3.	官网	guānwǎng	名词	official website
4.	编码	biānmǎ	名词/动词	code; to code
5.	出口额	chūkǒu'é	名词	export volume
6.	营业	yíngyè	动词	to do business
7.	执照	zhízhào	名词	license, permit
8.	资格	zīgé	名词	qualification
9.	报关	bàoguān	动词	to declare sth. at the customs
10.	登记	dēngjì	动词	to register
11.	增值税	zēngzhíshuì	名词	value-added tax
12.	纳税	nàshuì	动词	to pay taxes, to pay duty
13.	盖章	gàizhāng	动词	to affix one's seal, to seal, to stamp
14.	交易团	jiāoyìtuán	名词	business delegation, trade delegation
15.	审核	shěnhé	动词	to examine and verify
16.	失效	shīxiào	动词	to lose efficacy
17.	对应	duìyìng	形容词/动词	corresponding; to match

18. 核实	héshí	动词	to verify, to check
19. 变更	biàngēng	动词	to change, to alter, to modify

三 常用表达

1 严格按照官网上的参展申请材料清单去准备,一共六项,其中要特别注意,根据海关编码统计的出口额是展位安排的重要参考标准。
Strictly follow the list of exhibition application materials on the official website to prepare six items in total. Among them, you should pay special attention to the export value calculated according to the customs code, which is an important reference standard for booth arrangement.

2 一定要确保准确无误。
Make sure it's correct.

3 请您过目。
Please have a look.

4 我尽快去核实一下,再给您回复。
I'll check it as soon as possible and get back to you.

5 细节决定成败。
Details determine success or failure.

四、练习

一、读课文，回答下面的问题。

1. 什么是广交会？
2. 齐北月让孟安诺负责什么工作？
3. 广交会展位安排的重要参考标准是什么？
4. 孟安诺准备了哪六项参展申请材料？
5. 准备好六项材料后，孟安诺还需要做什么？
6. 讯达公司的参展材料第一次审核出现了什么问题？
7. 为什么孟安诺准备的材料会出现错误？
8. "细节决定成败"这句话怎么理解？

二、根据课文内容，将下列参展步骤填写完整。

联系（　　）单位 → 准备（　　）材料 → 请领导（　　）→ 申请表（　　）→ 提交交易团（　　）

三、角色扮演，进行对话练习。

请你和小组同学分别扮演课文中的角色，仔细体会人物的身份、关系，模仿他们说话的语气语调，准确熟练地说出对话内容。

四、根据情景，用所给的语言形式完成句子或对话。

1. 为了保证"双十一"购物节的订单发货不出错，销售部要提前做好一系列的准备工作，你身为销售部部长，在分配工作任务时，特别强调与直播平台的沟通问题。你可以说：

   _____

   （其中要特别注意，……）

2. 你们小组完成了一个重要项目，你认为项目的成功不仅是因为产品质量过硬，更重要的是产品包装等细节问题处理得非常好，让客户感受到了公司的用心。在总结会上，你可以说：

   _____

   （细节决定成败）

3. 最近几天很多用户反馈上个月上市的新款手机信号不好，作为产品经理，你想请客服部核实一下具体情况。你们的对话可以是：

   A：_____

   B：_____

   （我尽快去核实一下，再给您回复。）

五、根据情景，准确表达，得体交际。

1. 在公司会议上，你作为项目经理提出目前产品的生产、包装、销售、售后等环节都存在问题，需要改进，特别是售后服务的质量，你可以怎么说？

2. 你写完促销活动方案后，拿给部门领导看，请他审核把关，这时你可以怎么说？

3. 公司新品研发已经到了关键阶段，总结报告会上，你作为产品经理希望大家继续认真工作，确保不出现任何错误，你可以怎么表达？

六、小组合作，完成实战任务。（任选一题）

1. 假设你是一家贸易公司进口部的经理，请你根据本国的消费需求情况，从广交会网站上选择三种销售预期最好的中国产品，在公司会议上向总经理和其他部门经理汇报进口计划。

   进口计划至少应包含以下内容：商品类别、商品名称、生产信息、产品特点、进口原因、进口数量。请说明计划进口的产品和同类产品相比有哪些特点和优势，并结合市场需求说明进口原因。上课时把老师和同学当作你的老板和同事，用图片和文字在PPT上逐项展示说明。

2. 假设你在某进出口贸易公司工作，请查找下表中的展会信息，了解参展规定和要求，并根据公司的进出口计划选定要参加的展会，整理参展需要的所有资料。

请以小组合作的方式，根据参展要求分角色表演领导和下属关于参展工作准备情况的对话。对话内容应包括要参加的展会名称、展会的举办时间和地点、各项参展资料的名称、参展资料的准备情况、关键信息的核实等，对话内容可以用图片和文字在PPT上展示。

中国进出口商品交易会（广交会）

中国国际进口博览会（进博会）

中国国际高新技术成果交易会（高交会）

中国—东盟博览会（东博会）

中国西部国际博览会（西博会）

中国国际航空航天博览会（中国航展）

中国义乌国际小商品（标准）博览会（义博会）

中国国际服务贸易交易会（服贸会）

中国华东进出口商品交易会（华交会）

中国—南亚博览会（南博会）

第 11 课　我边介绍边给您演示

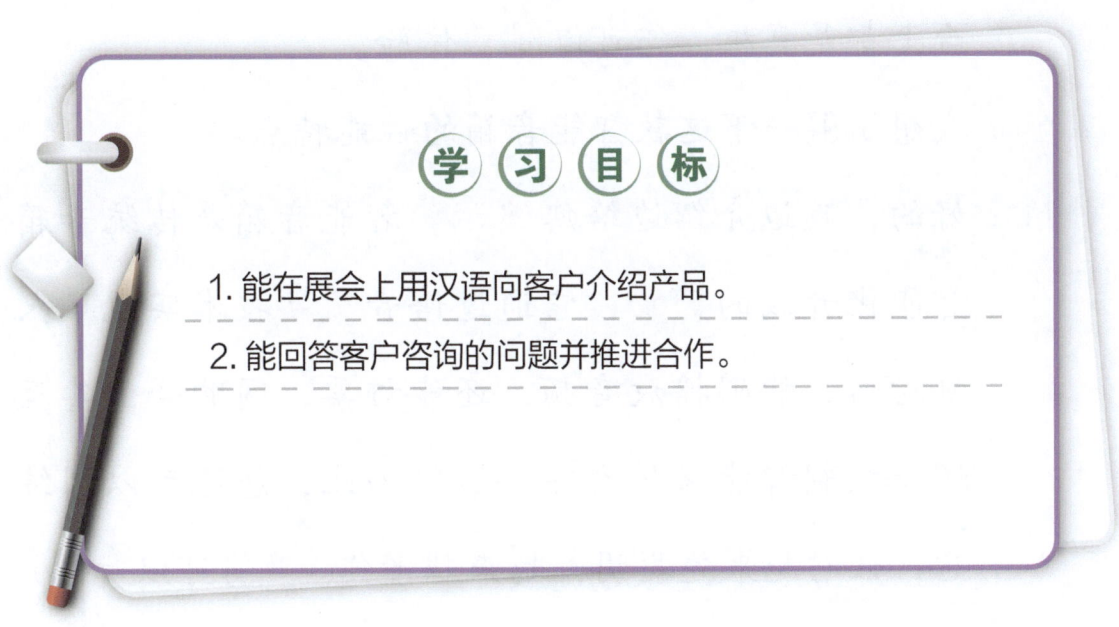

学习目标

1. 能在展会上用汉语向客户介绍产品。
2. 能回答客户咨询的问题并推进合作。

热身活动

根据预习时的准备，说一说：

> 1. 中国对外开放的三大展会，除了广交会，还有哪两个？
> 2. 如果让你去逛展会，你会关注哪些行业、哪些产品？为什么？
> 3. 你参加过线上或线下的展会吗？展会上有哪些让你印象深刻的商品？

 一 课文 11-1

（在广交会展台前）

孟安诺：欢迎光临讯达公司展位，这是我们的产品目录，展台上都是真机，您可以随意体验。

客商甲：我想了解一下这款智能音箱的性能特点。

林小雨：好的，我边介绍边给您演示。智能音箱是传统音箱智能化升级的产物，它通过语音交互技术实现了人机对话，能够播放音频，还能订票、网购等，甚至还能控制智能家居设备。不仅如此，您还可以训练它，让它越来越聪明，越来越懂您。❶您可以对"小讯同学"说一个指令试一下。

客商甲：小讯同学，把空调调到23℃。

智能音箱：好的，正在将空调温度调整为23℃。

客商甲：这是基于人工智能和物联网开发的❷，将来还能接入更多服务，对吗？

林小雨：没错，您总结得很到位。❸

孟安诺：这款音箱还考虑到了孩子和老人的使用，比其他同类型产品更人性化。

第11课　我边介绍边给您演示

客商乙：可惜这儿没有孩子和老人来试用，我想看看实际效果。

孟安诺：您可以登录云展厅的讯达专场推介会，那里有不同人群的用户体验直播，扫二维码登录就行。直播间里也可以询盘或下订单，我们公司有专门的业务员和您精准对接，在线洽谈❹。

客商丙：你们有没有针对非洲当地语言开发的音箱？

孟安诺：我们准备明年在非洲建厂开发，正在寻找合作伙伴呢。

客商丙：我在肯尼亚和坦桑尼亚都有工厂，现在这两国都在吸引外商投资。讯达在当地生产的话，不但能节约成本，而且能享受各种优惠政策，产品也会更有竞争力。

孟安诺：那太好了！您先坐一会儿，我去叫经理过来跟您详谈。

 生词 11-2

1.	目录	mùlù	名词	catalog, table of contents
2.	随意	suíyì	形容词	at will
3.	演示	yǎnshì	动词	to demonstrate
4.	产物	chǎnwù	名词	product, outcome
5.	交互	jiāohù	动词	to interact
6.	指令	zhǐlìng	名词	instruction
7.	基于	jīyú	介词	in view of
8.	物联网	wùliánwǎng	名词	Internet of Things
9.	接入	jiērù	动词	to access
10.	人性化	rénxìnghuà	动词	to humanize
11.	登录	dēnglù	动词	to log in
12.	云展厅	yún zhǎntīng		virtual exhibition hall
13.	专场	zhuānchǎng	名词	show of a particular variety
14.	推介	tuījiè	动词	to promote and introduce
15.	询盘	xúnpán	动词	to inquire
16.	对接	duìjiē	动词	to interface with
17.	投资	tóuzī	动词	to invest

第11课　我边介绍边给您演示

 常用表达

1. 不仅如此，您还可以训练它，让它越来越聪明，越来越懂您。
   Besides this, you can also train it to make it more and more intelligent and understand you better.

2. 这是基于人工智能和物联网开发的。
   It's developed based on artificial intelligence and the Internet of Things.

3. 没错，您总结得很到位。
   Yes, you have summed it up quite well.

4. 我们公司有专门的业务员和您精准对接，在线洽谈。
   Our company has a special salesperson who will communicate and negotiate with you online.

 练习

一、读课文，回答下面的问题。

1. 客商在展位前可以如何了解产品？
2. 客商甲对什么产品感兴趣？
3. 讯达公司的智能音箱有哪些性能特点？
4. 讯达公司智能音箱的人性化体现在哪些方面？
5. 在哪儿可以看到不同人群的用户体验直播？

6. 直播间平台可以为客户提供什么服务？

7. 客商丙可能会和经理谈什么？

二、根据词语写出词组，前后添加都可以，然后说句子。

例：体验（体验产品）
　　欢迎光临讯达公司展位，您可以随意体验我们的产品。

1. 投资（　　　　）

2. 节约（　　　　）

3. 演示（　　　　）

4. 开发（　　　　）

5. 洽谈（　　　　）

三、角色扮演，进行对话练习。

请你和小组同学分别扮演课文中的角色，仔细体会人物的身份、关系，模仿他们说话的语气语调，准确熟练地说出对话内容。

四、根据情景，用所给的语言形式完成句子或对话。

1. 在给客户介绍新款智能机器人产品时，你想告诉客户，这款产品使用了最新科技，能让机器人更精准地完成指令，并且你们邀请了时下最知名的设计师主持设计了机器人的外形。你可以这样说：

   _____

   （不仅如此，……还……）

2. 你们公司在5G通信技术的基础上研发了新一代自动驾驶技术，该技术将逐步应用于部分城市和高速公路。在展会上有客户询问时，你可以这样介绍：

   A: _____

   B: _____

   （基于……，……）

五、根据情景，准确表达，得体交际。

1. 在展台前向客户介绍产品时，为了吸引客户进一步了解你们的产品，你可以怎么说？怎么做？
2. 客户听完你的产品介绍，根据自己的理解进行了简要而准确的总结，你可以怎样评价并回应客户？
3. 和客户交谈时，你发现对方很可能是潜在的合作伙伴，但你的经验不够丰富，也做不了什么决定，为了推进合作，你可以怎么说？怎么做？

六、小组合作，完成实战任务。（任选一题）

1. 假设你在一家企业的市场部负责展会项目，工作内容是制订参展计划，在展会上介绍和演示新产品。请你上网了解近期可以参加的展会或交易会，制订参展计划，参展计划应包括展会名称、展位情况、参展产品、展示方式、产品体验方式。此外，请设想一下在展会上客户可能会提出什么问题，并说明应该如何回答。

上课时将老师和同学看作市场部部长和其他同事，用图片和文字在PPT上逐项展示说明。老师和同学可对你的参展计划做出评价并决定是否采用该计划。

2. 请参考下面的展会名称，搜索几个大型国际性展会的官网，选定一款你们国家的产品，了解产品的基本信息、性能特点和竞争优势等。请以小组合作的方式分角色扮演参展商和客户，模拟在展位前介绍和演示产品的场景。

你们的表演应包括：产品基本信息、性能特点、竞争优势等的询问和介绍，产品体验、询价、报价等环节，以及和某位客户达成合作意向的环节。上课时用图片和文字在PPT上逐项展示对话内容，老师和其他同学会对你们的表演进行评价并选出最佳参展商。

> 中国进出口商品交易会（广交会）
>
> 中国国际进口博览会（进博会）
>
> 中国国际高新技术成果交易会（高交会）
>
> 中国—东盟博览会（东博会）
>
> 中国西部国际博览会（西博会）
>
> 中国国际航空航天博览会（中国航展）
>
> 中国义乌国际小商品（标准）博览会（义博会）
>
> 中国国际服务贸易交易会（服贸会）
>
> 中国华东进出口商品交易会（华交会）
>
> 中国—南亚博览会（南博会）

第12课 我们非常看重和中国公司的合作

学习目标

1. 能在展销会上作为采购商询问产品相关信息。
2. 能在展销会上作为供应商与客户沟通并推介产品。
3. 能在展销会上收集所需产品资料并适当整理。

热身活动

根据预习时的准备，说一说：

> 1. 产品认证指的是什么？你见过哪些产品认证标识？
> 2. 你逛过展会吗？你知道哪些经贸相关的展会？
> 3. 在展会上考察产品或合作公司，你认为应该考察哪些方面？

 一 课文 12-1

（在展厅）

刘文也：安诺，我去智能制造展区看看摄像头。

孟安诺：我也跟着去学习学习，技多不压身❶。

中国厂商：货比三家，二位看得怎么样了？❷

刘文也：这摄像头不错，就是品牌知名度不够高。

中国厂商：我们公司今年刚进入国际市场，不过三年前就已经通过了ISO9001质量管理体系认证，最近还通过了欧盟CE认证，产品质量肯定是有保证的。

刘文也：我们的首选品牌是日本卡尼，你们的产品性能怎么样？

中国厂商：其实我们之前就是卡尼的代工厂，现在转做自有品牌，价格还不到卡尼的四分之三。

刘文也：那我们先拿些资料，跟其他厂家对比看看。

（二人离开中国厂商展位）

孟安诺：文也，恕我直言，既然咱们是自主研发，为什么不连摄像头也一起研发呢❸？免得像芯片那样受制于人。

第12课　我们非常看重和中国公司的合作

韩国厂商：摄像头不属于关键核心技术，中国的无人机品牌之所以能占领世界市场，主要是因为使用了大量现成的小组件，最大程度压缩了研发成本，降低了成品价格❹。

孟安诺：看来您对中国的无人机产业很了解啊。

韩国厂商：知己知彼嘛❺，我们非常看重和中国公司的合作。

刘文也：那和同类产品相比，你们有哪些优势呢？

韩国厂商：首先，我们的各项参数都和卡尼相当，但价格只有卡尼的三分之二。其次，大飞科技已经跟我们签订了五年的供货合同，他们今年的热销款用的都是我们的摄像头，您看这几款。

刘文也：你也给我一份报价单吧，包括离岸价和到岸价。公司会召开一次采购工作会议，到时候我会上报零部件供应商的情况，有采购招标的话我会联系你。

二 生词

1. 智能制造	zhìnéng zhìzào		intelligent manufacturing
2. 首选	shǒuxuǎn	动词	to have (sb./sth.) as the first choice
3. 代工厂	dàigōngchǎng	名词	Original Equipment Manufacture (OEM)
4. 自主	zìzhǔ	动词	to act on one's own, to be one's own master
5. 免得	miǎnde	连词	so as to avoid
6. 芯片	xīnpiàn	名词	(electronic computer) chip
7. 受制于人	shòuzhìyúrén	成语	to be controlled by others
8. 现成	xiànchéng	形容词	ready-made
9. 组件	zǔjiàn	名词	component unit
10. 压缩	yāsuō	动词	to reduce, to cut
11. 产业	chǎnyè	名词	industry
12. 参数	cānshù	名词	parameter
13. 供货	gōnghuò	动词	to supply commodity
14. 热销	rèxiāo	动词	to sell well, to be in great demand, to sell like hot cakes
15. 离岸价	lí'ànjià	名词	free on board (FOB)
16. 到岸价	dào'ànjià	名词	cost, insurance and fright (CIF)

17.	上报	shàngbào	动词	to report to a higher authority
18.	供应商	gōngyìngshāng	名词	supplier
19.	招标	zhāobiāo	动词	to invite tenders, to invite bids, to call for bids

专有名词

1.	ISO9001 质量管理体系认证	ISO9001 Zhìliàng Guǎnlǐ Tǐxì Rènzhèng	ISO 9001 Quality Management Systems Certification
2.	CE 认证	CE Rènzhèng	CE Marking

 常用表达

① 技多不压身。
More skills never hurt.

② 货比三家,二位看得怎么样了?
Compare deals when you buy. How do you like it?

③ 恕我直言,既然咱们是自主研发,为什么不连摄像头也一起研发呢?
With all due respect, since we are developing on our own, why not develop cameras as well?

❹ 中国的无人机品牌之所以能占领世界市场，主要是因为使用了大量现成的小组件，最大程度压缩了研发成本，降低了成品价格。
The main reason why Chinese UAV brands can occupy the world market is that they use a large number of ready-made components, which minimizes the cost of research and development and reduces the price of finished products.

❺ 知己知彼嘛。
Know yourself and your enemy.

 练习

一、读课文，回答下面的问题。

1. 中国厂商是怎么回应刘文也对摄像头的评价的？
2. 中国厂商的摄像头有什么优势？
3. 孟安诺为什么认为应该研发摄像头？
4. 中国的无人机品牌为什么能占领世界市场？
5. 韩国厂商为什么了解中国的无人机产业？
6. 韩国厂商的摄像头有什么优势？
7. 刘文也要了什么材料？回公司后她会怎么做？

第12课　我们非常看重和中国公司的合作

二、根据词语写出词组，前后添加都可以，然后说句子。

例：认证（通过认证）
我们公司的产品最近通过了欧盟CE认证，可以出口到欧洲了。

1. 压缩　（　　　　）

2. 自主　（　　　　）

3. 上报　（　　　　）

4. 热销　（　　　　）

5. 招标　（　　　　）

三、角色扮演，进行对话练习。

请你和小组同学分别扮演课文中的角色，仔细体会人物的身份、关系，模仿他们说话的语气语调，准确熟练地说出对话内容。

四、根据情景，用所给的语言形式完成对话。

1. 作为人力资源部部长，你想试行弹性工作制，也就是让员工自己决定上下班时间，用更积极主动的心态完成工作，提高工作效率，但总经理不太理解这种做法。你可以怎样向他解释？

    A: _____

    B: _____

    （之所以……，是因为……）

2. 你们公司准备参加本届进出口商品博览会，展会组的组长展示了他们做的方案，你认为该方案没有很好地突出你们公司的产品与市面上同类产品的比较优势。你可以怎样提出你的看法？

    A: _____

    B: _____

    （恕我直言）

五、根据情景，准确表达，得体交际。

1. 作为职场新人，除了做好本职工作外，你还充分利用业余时间学习生产、运营和销售等各方面的知识，和你一起进公司的同事觉得你没必要把自己弄得这么忙、这么累，你会怎么跟他解释？

2. 采购员给你提交了一份原材料采购清单，清单上只列出了几家本地供应商。作为采购部部长，你认为应该多比较国内外的同类产品，从中选出最适合你们的原材料，你可以怎么说？

3. 在研发部的报告会中，部长提出下一阶段的工作目标是要多做市场调研，多了解客户需求，多了解竞争对手的情况。你可以怎么回应？

六、小组合作，完成实战任务。（任选一题）

1. 假如你想与朋友合伙开一家贸易公司，把你们国家的产品销售到中国。请登录中国国际进口博览会（简称进博会）官网了解参展要求，并查找进博会上的重要采购商，了解其采购需求，然后选择你们国家的产品，整理一份适合参展的产品清单，并向你的合伙人做展示说明。

   你的产品清单应包括产品名称、生产企业、产品特点、产品优势、对应的采购需求、展位类别等。请说明你选择的产品和同类产品相比有哪些特点，并结合采购商的采购需求和你们国家的生产优势等因素说明该产品的优势。上课时将老师和同学看作你的合伙人，用图片和文字在PPT上逐项展示说明，大家会根据你的参展计划考虑是否与你合伙开公司。

2. 假如你回国后成立了一家贸易公司，想去某展会或交易会上采购一些适合进口到你们国家的产品。请以小组合作的方式分角色表演在展位前询问产品的具体情况。计划采购的商品名称和相关信息可以从该展会或交易会官网上查找，也可以从生产商的官网获取更详细的信息。

   你们的对话内容应包括关于该产品的品牌知名度、产品质量、产品认证情况、技术水平、报价等的讨论，对话内容用图片和文字在PPT上展示说明。

第五单元　应聘与入职

管培期间孟安诺工作表现优秀,提前转正。回想起一年半前的求职经历,笔试、面试、接到录用通知、第一天入职、认识新同事,那些场景都历历在目。

在这一单元,你会看到这些人:

王晨　——　讯达公司人力资源部部长,全面负责公司人力资源管理工作。

张明远　——　讯达公司综合事务部部长,负责公司内外的综合协调工作。

雷宏　——　讯达公司人力资源部招聘主管,负责管培生的招聘管理及劳动合同的签订等。

111

第13课 欢迎你参加今天的面试

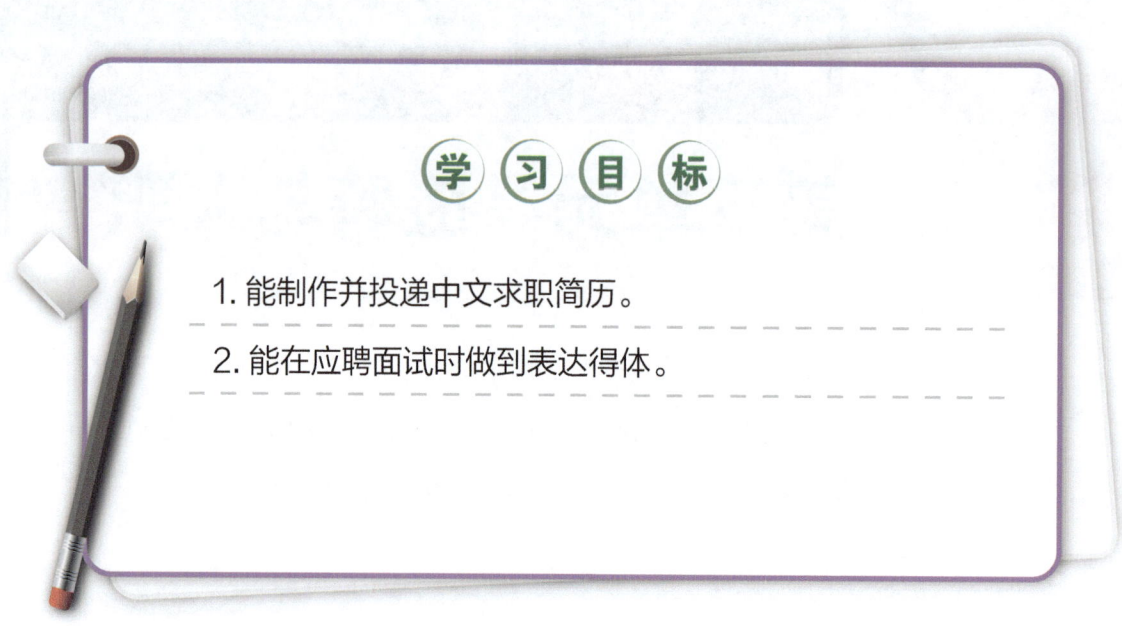

学习目标

1. 能制作并投递中文求职简历。
2. 能在应聘面试时做到表达得体。

热身活动

根据预习时的准备，说一说：

▷ 1. 应聘前一般需要做哪些准备？

▷ 2. 面试时，面试官一般会问哪些问题？

▷ 3. 你认为自己最大的求职优势是什么？

 课文 13-1

（在面试现场，人力资源部部长王晨、综合事务部部长张明远、销售部部长王一鸣共同面试孟安诺。）

王　晨：欢迎你参加今天的面试，请先做一下自我介绍。

孟安诺：各位老师好！我叫孟安诺，应届本科生，毕业于北京大学经济学院国际经济与贸易系。在校期间我的综合素质测评排名第一，多次获得奖学金。❶去年曾在华为公司实习半年，表现优秀。我相信讯达能让我在历练中成长，我也能为讯达带来新的活力。

张明远：你为什么选择讯达？

孟安诺：讯达是世界500强，经过短短十几年的发展，已成为中国通信行业的领军企业。讯达不仅引领科技进步，也一直在回馈社会，履行社会责任，让人类生活变得更美好。但我最看重的其实是讯达的企业文化——学习、创新、获益、团结，这非常契合我的价值追求。❷以上就是我选择讯达的理由。❸

王一鸣：你对讯达的发展前景怎么看？

孟安诺：讯达有智能终端核心业务基础，服务遍及100多个国家和地区。最近两年依托云服务布局的智能家居也有很大进展。我认为抓住智慧互联网时代的大趋势，讯达云服务布局全球的新目标一定能实现。

王　晨：竞聘管培生岗位的人很多，你认为自己有哪些优势？

孟安诺：我能熟练使用汉语、英语、法语、西班牙语，具有较强的跨文化沟通能力。我知道讯达正在拓展欧洲市场，我在华为实习时就做过西欧和南欧的市场调研，对欧洲各地的消费心理比较了解。

（面试官们又问了几个问题后）

王　晨：面试到此结束，请通过招聘小程序查看结果，或者等电话通知。❹ 如果被录用，之后我们还会给你发送正式的录用文件。❺

二 生词  13-2

1. 素质	sùzhì	名词	quality
2. 测评	cèpíng	动词	to assess
3. 历练	lìliàn	动词	to experience and toughen
4. 活力	huólì	名词	vigour, vitality, energy

第13课　欢迎你参加今天的面试

5.	领军	lǐngjūn	动词	to play a leading role
6.	回馈	huíkuì	动词	to repay, to give back
7.	履行	lǚxíng	动词	to perform, to fulfill, to implement
8.	获益	huòyì	动词	to benefit from, to get a profit
9.	团结	tuánjié	形容词/动词	united; to unite
10.	契合	qìhé	动词	to agree with, to tally with
11.	前景	qiánjǐng	名词	prospect
12.	终端	zhōngduān	名词	terminal
13.	遍及	biànjí	动词	to extend all over, to reach every place
14.	依托	yītuō	动词	to rely on, to depend on
15.	云服务	yún fúwù		cloud services
16.	布局	bùjú	动词/名词	to distribute; layout
17.	趋势	qūshì	名词	tendency
18.	竞聘	jìngpìn	动词	to compete for a post
19.	管培生	guǎnpéishēng	名词	management trainee
20.	岗位	gǎngwèi	名词	post, position
21.	拓展	tuòzhǎn	动词	to expand
22.	小程序	xiǎochéngxù	名词	applet

 **常用表达**

① 在校期间我的综合素质测评排名第一，多次获得奖学金。
I ranked first in the comprehensive quality assessment at school and won scholarships many times.

② 但我最看重的其实是讯达的企业文化——学习、创新、获益、团结，这非常契合我的价值追求。
But what I value most is the corporate culture of Xunda — learning, innovation, gaining and solidarity, which is perfectly in line with my value pursuit.

③ 以上就是我选择讯达的理由。
These are the reasons why I choose Xunda.

④ 面试到此结束，请通过招聘小程序查看结果，或者等电话通知。
This is the end of the interview. Please check the result through the recruitment applet, or wait for the phone notification.

⑤ 如果被录用，之后我们还会给你发送正式的录用文件。
If hired, we will send you the formal employment documents later.

 **练习**

一、读课文，回答下面的问题。

1. 孟安诺的自我介绍包括哪些内容？

第13课　欢迎你参加今天的面试

2. 孟安诺选择讯达公司的理由有哪些？
3. 孟安诺认为讯达公司的前景怎么样？
4. 孟安诺为什么比较了解欧洲市场？
5. 孟安诺可以通过哪些方式了解面试结果？
6. 你认为孟安诺能顺利通过面试吗？为什么？

二、根据词语写出词组，前后添加都可以，然后说句子。

例：前景（发展前景）

你们国家哪些行业的发展前景比较好？

1. 拓展（　　　　）

2. 履行（　　　　）

3. 回馈（　　　　）

4. 竞聘（　　　　）

5. 录用（　　　　）

三、角色扮演，进行对话练习。

请你和小组同学分别扮演课文中的角色，仔细体会人物的身份、关系，模仿他们说话的语气语调，准确熟练地说出对话内容。

四、根据情景，用所给的语言形式完成句子。

1. 在产品推介会上，你要向合作公司介绍新款产品的五大优势，请用一句话作为发言的结尾：

   _____

   （以上就是……）

2. 合作公司的考察团到你们公司参观工厂，你负责带领参观。在参观结束时，你可以说：

   _____

   （……到此结束）

五、根据情景，准确表达，得体交际。

1. 假如你是公司人力资源部的主管，在一场招聘面试结束时，你可以对应聘者说些什么？
2. 参加面试时，如何表达对应聘公司企业文化的认同？

六、小组合作，完成实战任务。（任选一题）

1. 假如你正在求职，请上网查找你最想去的一家公司，查看他们的招聘广告，并根据自己的素质、能力和优势选择最适合你的岗位。上课时简要介绍这家公司的情况、你要应聘的岗位名称、岗位职责、岗位要求、简历投递及面试流程等，并上网查找简历模板，制作一份中文简历。

上课时将具体内容用图片、文字和表格在PPT上逐项展示说明，展示结束后老师和同学会判断你被录用的可能性，并说明理由。

2. 假如你是一家公司的外贸部经理，要招聘一名专门负责中国市场的销售业务员，你和人力资源部的同事从众多简历中挑选出了一份比较满意的，并计划组织一场面试。

请小组分工完成一份中文求职简历和一份面试题。简历应包括个人信息、求职意向、教育背景、工作经历、自我评价等，面试题应包括通用问题和个性化问题。上课时请小组同学分角色表演面试官和求职者，展示面试的具体过程。

求职简历和对话内容用图片、文字和表格在PPT上逐项展示说明。上课时老师和同学会根据各个小组的表现评选出最佳简历、最佳招聘方和最佳求职者。

第14课　我一定会加倍努力的

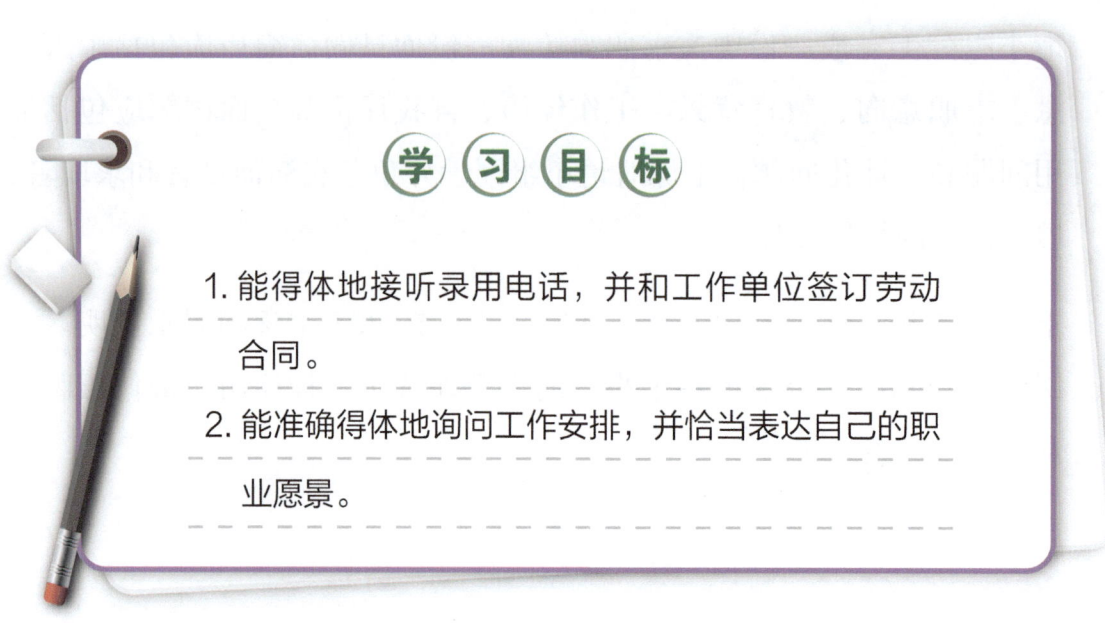

学习目标

1. 能得体地接听录用电话，并和工作单位签订劳动合同。
2. 能准确得体地询问工作安排，并恰当表达自己的职业愿景。

热身活动

根据预习时的准备，说一说：

> 1. 在你们国家，入职报到时需要哪些材料？
> 2. 面对领导的夸奖，怎么回应比较得体？
> 3. 对于第一份工作，你更看重哪些方面？

第14课　我一定会加倍努力的

 课文　14-1

（雷宏给孟安诺打电话）

雷　宏：你好！请问是孟安诺吗？

孟安诺：我是。

雷　宏：这里是讯达公司人力资源部。你之前应聘我们公司的管培生岗位，经过笔试、面试和综合评定，现已被正式录用，祝贺你。

孟安诺：太好了，谢谢您！很荣幸能成为讯达的一员。❶

雷　宏：不客气。请于下周一9点到公司人力资源部报到，报到时请**携带**本人护照、学历和学位证**原件**及复印件各一份，一寸近期彩色**免冠**照片两张，**以便**办理入职手续。

（在人力资源部）

孟安诺：早上好！我是孟安诺，今天来报到。

雷　宏：你好，请坐吧。我先跟你说一下情况。❷通过几轮面试，大家**一致**认为你很有创新精神，表达能力强，而且文化背景也符合公司拓展海外市场的需要，所以管培期间就有可能派你到海外工作。

孟安诺：没问题！谢谢领导们的肯定，我一定会加倍努力的。❸

雷　宏：欢迎你加入我们的团队！

孟安诺：非常期待。您能介绍一下我的具体工作吗？

雷　宏：你首先被分配到综合事务部，负责日常接待业务，然后去其他部门轮岗。管培期间有基本工资和出差补贴，奖金要看工作表现，公司会按规定为你缴纳社保。

孟安诺：其实对我来说，待遇不是最重要的，我更看重的是在讯达的职业发展前景。❹讯达既有成熟的管理制度，又有浓厚的创新氛围，在这样的公司工作，一定能快速成长。

雷　宏：嗯，好好干。管培期满考核合格后转正，转正后享有进修培训、带薪休假等所有福利，如果工作表现特别优秀，还有提前转正的机会。这是劳动合同和保密协议，一式两份❺，你看一下，没问题的话签名就可以了。

（盖章后）

雷　宏：保留好你这份，明天正式到综合事务部入职。

第14课 我一定会加倍努力的

 二　生词　14-2

1.	携带	xiédài	动词	to carry
2.	原件	yuánjiàn	名词	original copy
3.	免冠	miǎnguān	动词	to take one's hat off
4.	以便	yǐbiàn	连词	so that, in order to
5.	一致	yízhì	副词/形容词	together; unanimous
6.	分配	fēnpèi	动词	to assign, to allot
7.	轮岗	lúngǎng	动词	to rotate jobs
8.	补贴	bǔtiē	名词	subsidy, allowance
9.	缴纳	jiǎonà	动词	to pay (social security, etc.)
10.	待遇	dàiyù	名词	treatment
11.	制度	zhìdù	名词	system, regulation
12.	浓厚	nónghòu	形容词	dense, strong
13.	氛围	fēnwéi	名词	atmosphere
14.	考核	kǎohé	动词	to assess, to examine
15.	福利	fúlì	名词	welfare, well-being

16.	保密 bǎomì	动词	to keep (sth.) secret
17.	协议 xiéyì	名词	agreement

 三　常用表达

① 很荣幸能成为讯达的一员。
I am honored to be a member of Xunda.

② 我先跟你说一下情况。
Let me tell you the situation first.

③ 谢谢领导们的肯定，我一定会加倍努力的。
Thank you for your affirmation. I will redouble my efforts.

④ 其实对我来说，待遇不是最重要的，我更看重的是在讯达的职业发展前景。
As a matter of fact, salary is not the most important to me. What I value more is the career development prospects in Xunda.

⑤ 这是劳动合同和保密协议，一式两份。
This is the labor contract and confidentiality agreement in duplicate.

第14课　我一定会加倍努力的

 练习

一、读课文，回答下面的问题。

1. 孟安诺应聘的是什么岗位？
2. 报到时孟安诺需要携带哪些材料？
3. 为什么孟安诺管培期间就可能被派到海外工作？
4. 进入公司后，孟安诺具体做什么工作？
5. 孟安诺在管培期间的待遇如何？
6. 对于工作，孟安诺更看重什么？
7. 孟安诺为什么认为自己能快速成长？
8. 孟安诺需要和公司签订什么文件？

二、根据词语写出词组，前后添加都可以，然后说句子。

例：面试（参加面试）
　　明天我要参加面试，没时间陪你去逛街了。

1. 应聘（　　　　　）

2. 携带（　　　　　）

3. 符合（　　　　　）

4. 缴纳（　　　　）

5. 办理（　　　　）

三、角色扮演，进行对话练习。

请你和小组同学分别扮演课文中的角色，仔细体会人物的身份、关系，模仿他们说话的语气语调，准确熟练地说出对话内容。

四、根据情景，用所给的语言形式完成句子或对话。

1. 你被邀请出席一场商务晚宴，并在宴会上代表来宾做一个简短的发言，你该怎么开头？

_____

（很荣幸能……）

2. 招聘新员工时，同事认为应该招有工作经验的求职者，而你认为应届毕业生更有培养潜力，因为创新性对你们公司来说更重要。你们的对话可以是：

A：_____

B：_____

（其实对……来说，……不是最重要的，……更看重的是……）

第14课　我一定会加倍努力的

五、根据情景，准确表达，得体交际。

1. 代表公司给他人或者其他公司打电话时，你可以怎样介绍自己？
2. 面试时你表现优秀，得到了大家的一致肯定，公司准备给你分配重要的任务，你可以怎样回应？
3. 公司来了新同事，你可以怎样表达对新同事的欢迎？

六、小组合作，完成实战任务。（任选一题）

1. 在与用人单位签订劳动合同前，你认为还有哪些问题需要了解和确认？如岗位职责、工作地点、晋升机制、福利待遇、社保缴纳情况等。请你以一家真实公司为背景，将需要了解的问题列出来，并通过上网查找等方式了解和确认这些问题。

    上课时将需要了解的问题、了解的方式和了解到的情况向老师和同学进行汇报，用图片和文字在PPT上逐项展示以上三个方面的内容，也可以汇总成一个表格来说明。

问题	了解方式	了解到的情况

2. 上周你参加了一家公司的招聘,今天接到了这家公司人事部的电话,电话里告知你通过了面试,如果你同意就可以到公司签订劳动合同。你认为这是一个不错的工作机会,但还有一些问题需要和对方确认一下,同时人事部也需要向你介绍一些情况,说明一些事项。

请你和小组同学以一家真实公司为背景,模拟你和公司 HR 见面沟通时的对话情景,上课时展示给老师和同学们。你们的对话内容至少应包括岗位职责、薪酬待遇、职业发展、合同细节的介绍和确认。

第15课 我把你拉到部门微信群

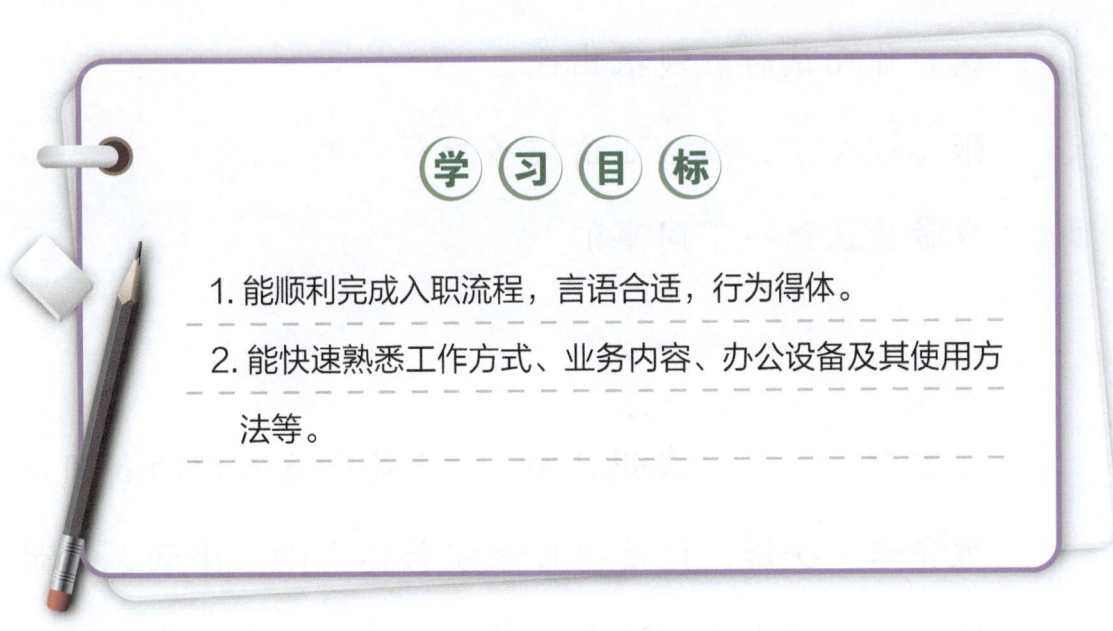

学习目标

1. 能顺利完成入职流程,言语合适,行为得体。
2. 能快速熟悉工作方式、业务内容、办公设备及其使用方法等。

热身活动

根据预习时的准备,说一说:

> 1. 入职第一天一般要做哪些事情?
> 2. 入职的新员工一般会和同事们说哪些话?
> 3. 你知道下面这些软件吗?你用过吗?用起来方便吗?

一 课文 15-1

（在综合事务部部长张明远办公室）

孟安诺：张总好，我是孟安诺，很荣幸到您部门工作。

张明远：嗯，你面试时表现很出色。

孟安诺：张总过奖了，以后还请您多指教。❶

张明远：我带你认识一下同事们。

（在综合事务部办公区）

张明远：大家暂停一下，我说几句。❷这是今天入职的新同事孟安诺。安诺，这是项目组组长林小雨。小雨，你带他熟悉一下办公环境和工作流程，平时多带带他。

林小雨：好的，张总。安诺，跟我来吧。我先简单跟你说一下，以后有问题你再随时问我。咱们综合部的工作比较杂，要承担公司的对外交流，也要促进各部门之间的协调合作。除此之外，还要增强管理层和具体业务部门之间的有效沟通。❸

孟安诺：好的，我会尽快熟悉。我租的房子在地铁口附近，通勤不是问题，加班什么的也方便。

第15课　我把你拉到部门微信群

林小雨：加班确实难免，但我们可不提倡"996"，关键是得提高工作效率。综合部的很多工作都是团队作战，拖后腿肯定是不行的。

孟安诺：同意，优质高效完成工作最重要。

林小雨：这是你的工位，办公电脑已经装好OA系统了，工作通知和重要文件都在这个平台上收发。

孟安诺：OA用户名就是我的工号，对吗？

林小雨：对，初始密码是六个6。这是工作区，那边是洽谈区、接待区、休闲区，休闲区备有茶点小食，可以随时在那儿补充点儿能量。

孟安诺：好的，谢谢。我是职场新人，工作中肯定有很多不懂的地方，以后少不了麻烦您。❹

林小雨：客气了。你先加我微信，我把你拉到部门微信群。明天有个马达加斯加客商来访，需要你全程跟进，配合公关部、销售部完成接待、参观和洽谈任务。

二 生词

1.	过奖	guòjiǎng	动词	to overpraise
2.	指教	zhǐjiào	动词	to give advice or comments
3.	带	dài	动词	to lead, to help
4.	杂	zá	形容词	varied
5.	承担	chéngdān	动词	to assume, to undertake
6.	促进	cùjìn	动词	to promote, to facilitate
7.	协调	xiétiáo	动词	to coordinate, to harmonize
8.	沟通	gōutōng	动词	to communicate
9.	通勤	tōngqín	动词	to commute
10.	难免	nánmiǎn	形容词	unavoidable
11.	提倡	tíchàng	动词	to advocate
12.	作战	zuòzhàn	动词	to fight
13.	拖后腿	tuō hòutuǐ		to be a drag on sb., to hold sb. back
14.	高效	gāoxiào	形容词	efficient
15.	工位	gōngwèi	名词	office cubicle
16.	初始	chūshǐ	名词	initial
17.	能量	néngliàng	名词	energy

18.	跟进	gēnjìn	动词	to follow up

专有名词

OA 系统	OA Xìtǒng	Office Automation System

 常用表达

① 张总过奖了，以后还请您多指教。
Thank you for the compliment, Manager Zhang. Please give me more advice in the future.

② 大家暂停一下，我说几句。
Pause for a moment, everyone. Let me say a few words.

③ 除此之外，还要增强管理层和具体业务部门之间的有效沟通。
In addition, effective communication between management and specific business departments should be enhanced.

④ 我是职场新人，工作中肯定有很多不懂的地方，以后少不了麻烦您。
I am a newcomer in the workplace, so there must be a lot I don't understand in my work, and I'm afraid I will put you to much trouble in the future.

 **四 练习**

一、读课文，回答下面的问题。

1. 张明远认为孟安诺在面试时表现得怎么样？
2. 张明远安排林小雨做什么？
3. 为什么林小雨说综合事务部的工作比较杂？
4. 关于"加班"，林小雨的观点是什么？
5. 在综合事务部工作要注意什么？
6. OA 系统是做什么用的？
7. 孟安诺的第一个工作任务是什么？

二、根据词语写出词组，前后添加都可以，然后说句子。

例：出色（表现出色）

他面试时表现出色，部门经理对他印象深刻。

1. 提高（   ）

2. 补充（   ）

3. 收发（   ）

第15课　我把你拉到部门微信群

4. 促进（　　　　　）

　　_____

5. 承担（　　　　　）

　　_____

三、角色扮演，进行对话练习。

　　请你和小组同学分别扮演课文中的角色，仔细体会人物的身份、关系，模仿他们说话的语气语调，准确熟练地说出对话内容。

四、根据情景，用所给的语言形式完成句子。

1. 在新品推介会上，你负责推介的相机有三个特点：一是体积超小，携带方便；二是设计精美，外观时尚；三是输出接口和摄影模式有多种选择。你可以这样介绍：

　　_____

　　_____

（除此之外……）

2. 入职第一天，办公室的同事们欢迎你加入团队。作为职场新人，你可以这样说：

　　_____

（我是职场新人，……）

五、根据情景，准确表达，得体交际。

1. 入职第一天，该怎样和你的部门领导打招呼？
2. 初入职场，面对部门领导的肯定和表扬，你可以怎样回应？
3. 办公室里同事们都在工作，你需要将新同事介绍给大家，你可以怎么说？
4. 初入职场，你可以对负责带你的经验丰富的同事说些什么？

六、小组合作，完成实战任务。（任选一题）

1. 假如你求职成功，下周入职新公司，你打算怎样开始你的职场生活？请你设想一下第一天见到新同事的场景，想一想需要做哪些准备？需要注意哪些事项？请结合平时的观察和职场人士的经验，思考一下，将这些内容列出来。要入职的公司可以是中国公司，也可以是你们国家的公司，汇报内容可以结合中国或你们国家的职场文化来确定。

   上课时将你整理的入职准备工作和注意事项汇报给老师和同学，用图片和文字在PPT上逐项展示说明，也可以汇总成一个表格来说明。

2. 今天是你第一天入职，你见到部门领导，领导向同事们介绍了你，并安排了一位同事帮助你熟悉办公环境和业务，这位同事耐心地为你介绍了一些相关情况，你也询问了她一些问题。请你和小组同学模拟这个情景，上课时向老师和同学们进行对话展示。

   根据你自己的求职意向选定要入职的公司和部门，可以是中国公司，也可以是你们国家的公司，对话内容应包括工作内容、办公环境、工位安排、办公设备、办公系统的询问与介绍等。

生词总表

B

保密	bǎomì	动词	to keep (sth.) secret	14
保守	bǎoshǒu	形容词	conservative	7
报关	bàoguān	动词	to declare sth. at the customs	10
报价	bàojià	名词/动词	quoted price; to quote (a price)	4
爆款	bàokuǎn	名词	hot-selling product	8
编码	biānmǎ	名词/动词	code; to code	10
变更	biàngēng	动词	to change, to alter, to modify	10
遍及	biànjí	动词	to extend all over, to reach every place	13
补贴	bǔtiē	名词	subsidy, allowance	14
不可抗力	bùkěkànglì	名词	force majeure	6
布局	bùjú	动词/名词	to distribute; layout	13

C

采购	cǎigòu	动词	to purchase	1
彩头	cǎitóu	名词	good luck, good omen	9
参数	cānshù	名词	parameter	12
仓储	cāngchǔ	动词	to store	5
草根	cǎogēn	名词	grass roots	8
测评	cèpíng	动词	to assess	13
产物	chǎnwù	名词	product, outcome	11
产业	chǎnyè	名词	industry	12
潮流感	cháoliúgǎn	名词	stylish sense	8
成本	chéngběn	名词	cost	5
成品	chéngpǐn	名词	finished product	5

承办	chéngbàn	动词	to undertake, to contract to do a job	10
承担	chéngdān	动词	to assume, to undertake	15
抽奖	chōujiǎng	动词	to draw a lottery or raffle	9
出口额	chūkǒu'é	名词	export volume	10
出示	chūshì	动词	to show, to produce	1
初始	chūshǐ	名词	initial	15
促进	cùjìn	动词	to promote, to facilitate	15
促销	cùxiāo	动词	to promote sales	9

D

达成	dáchéng	动词	to reach (an agreement)	2
打造	dǎzào	动词	to forge, to create, to build	8
代工厂	dàigōngchǎng	名词	Original Equipment Manufacture (OEM)	12
代理商	dàilǐshāng	名词	agent, agency	9
代言人	dàiyánrén	名词	spokesperson	8
带	dài	动词	to lead, to help	15
待机	dàijī	动词	to stand by	4
待遇	dàiyù	名词	treatment	14
倒时差	dǎo shíchā		to get over jet lag	2
到岸价	dào'ànjià	名词	cost, insurance and fright (CIF)	12
登记	dēngjì	动词	to register	10
登录	dēnglù	动词	to log in	11
电商	diànshāng	名词	e-commerce	9
电信	diànxìn	名词	telecommunications	4
调动	diàodòng	动词	to mobilize	9
定额	dìng'é	名词	quota	9
定位	dìngwèi	动词	to target, to position	8
冻结	dòngjié	动词	to freeze	1

	对接	duìjiē	动词	to interface with	11
	对应	duìyìng	形容词/动词	corresponding; to match	10

F

发挥	fāhuī	动词	to give play to	8
防尘	fángchén	动词	to be dust-proof	5
费心	fèixīn	动词	to trouble, to bother	2
分配	fēnpèi	动词	to assign, to allot	14
氛围	fēnwéi	名词	atmosphere	14
份额	fèn'é	名词	share, portion	4
丰盛	fēngshèng	形容词	superb, sumptuous	2
风险	fēngxiǎn	名词	risk	6
福利	fúlì	名词	welfare, well-being	14
副陪	fùpéi	名词	the second most important person who accompanies the guest(s)	3

G

盖章	gàizhāng	动词	to affix one's seal, to seal, to stamp	10
岗位	gǎngwèi	名词	post, position	13
高端	gāoduān	形容词	high-end	3
高峰期	gāofēngqī	名词	peak period	6
高效	gāoxiào	形容词	efficient	15
跟进	gēnjìn	动词	to follow up	15
工位	gōngwèi	名词	office cubicle	15
公信力	gōngxìnlì	名词	public credibility	7
功能	gōngnéng	名词	function	4
供货	gōnghuò	动词	to supply commodity	12
供应商	gōngyìngshāng	名词	supplier	12
沟通	gōutōng	动词	to communicate	15
官网	guānwǎng	名词	official website	10

	管培生	guǎnpéishēng	名词	management trainee	13
	惯例	guànlì	名词	usual practice, convention	6
	贵宾	guìbīn	名词	VIP	2
	过奖	guòjiǎng	动词	to overpraise	15
H	海关	hǎiguān	名词	customs	1
	核对	héduì	动词	to check	6
	核实	héshí	动词	to verify, to check	10
	核算	hésuàn	动词	to examine and calculate	9
	回馈	huíkuì	动词	to repay, to give back	13
	回笼	huílóng	动词	to withdraw from circulation, to return	6
	活力	huólì	名词	vigour, vitality, energy	13
	获益	huòyì	动词	to benefit from, to get a profit	13
J	机密	jīmì	名词/形容词	secret; confidential	2
	基地	jīdì	名词	base	5
	基于	jīyú	介词	in view of	11
	激励	jīlì	动词	to motivate	9
	即期信用证	jíqī xìnyòngzhèng		sight letter of credit	6
	集中	jízhōng	动词	to concentrate	8
	忌口	jìkǒu	动词	to avoid certain food (as when someone is ill)	3
	季度	jìdù	名词	quarter	5
	监测	jiāncè	动词	to monitor	8
	检测	jiǎncè	动词	to test	5
	将近	jiāngjìn	副词	nearly, almost	2
	交付	jiāofù	动词	to deliver	6
	交互	jiāohù	动词	to interact	11

	交货期	jiāohuòqī	名词	date of delivery	6
	交易会	jiāoyìhuì	名词	trade fair	10
	交易团	jiāoyìtuán	名词	business delegation, trade delegation	10
	缴纳	jiǎonà	动词	to pay (social security, etc.)	14
	接风洗尘	jiēfēng-xǐchén	成语	to give a dinner for the arrival of someone	3
	接入	jiērù	动词	to access	11
	结算	jiésuàn	动词	to settle an account	1
	截至	jiézhì	动词	to be no later than	4
	解锁	jiěsuǒ	动词	to unlock	4
	经销商	jīngxiāoshāng	名词	dealer	9
	精准	jīngzhǔn	形容词	accurate	7
	竞聘	jìngpìn	动词	to compete for a post	13
	敬	jìng	动词	to offer politely	3
K	开立	kāilì	动词	to open (an account or a letter of credit)	6
	开拓	kāituò	动词	to open up (a market)	4
	考核	kǎohé	动词	to assess, to examine	14
	可行性	kěxíngxìng	名词	feasibility	7
	口岸	kǒu'àn	名词	port	6
	口碑	kǒubēi	名词	public praise, word of mouth	8
	扣除	kòuchú	动词	to deduct	1
	款	kuǎn	量词/名词	*used to indicate a kind/type; style*	4
L	类型	lèixíng	名词	type	7
	离岸价	lí'ànjià	名词	free on board (FOB)	12
	力度	lìdù	名词	strength, force	9
	历练	lìliàn	动词	to experience and toughen	13

	利润	lìrùn	名词	profit	9
	良莠不齐	liángyǒu-bùqí	成语	the good and the bad are mixed together	7
	量力而行	liànglì'érxíng	成语	to do according to one's abilities	3
	劣势	lièshì	名词	disadvantage, weakness	7
	零部件	língbùjiàn	名词	spare parts	5
	领军	lǐngjūn	动词	to play a leading role	13
	领域	lǐngyù	名词	field, area	8
	流程	liúchéng	名词	process	2
	流量	liúliàng	名词	(rate of) flow	8
	履行	lǚxíng	动词	to perform, to fulfill, to implement	13
	轮岗	lúngǎng	动词	to rotate jobs	14
M	媒体	méitǐ	名词	media	7
	免得	miǎnde	连词	so as to avoid	12
	免冠	miǎnguān	动词	to take one's hat off	14
	免责	miǎnzé	动词	to be exempted from liability	6
	秒杀	miǎoshā	动词	to seckill	7
	模式	móshì	名词	model, mode, pattern	7
	目录	mùlù	名词	catalog, table of contents	11
N	纳税	nàshuì	动词	to pay taxes, to pay duty	10
	难免	nánmiǎn	形容词	unavoidable	15
	能量	néngliàng	名词	energy	15
	拟订	nǐdìng	动词	to draw up (a plan, a contract or a standard)	6
	浓厚	nónghòu	形容词	dense, strong	14

P

配合	pèihé	动词	to cooperate	5
批零差价	pīlíng chājià		differences between wholesale and retail prices	9
品尝	pǐncháng	动词	to taste	3
品控	pǐnkòng	名词	quality control	5

Q

齐名	qímíng	动词	to enjoy equal popularity	3
契合	qìhé	动词	to agree with, to tally with	13
洽谈	qiàtán	动词	to talk over with, to negotiate (business)	2
前景	qiánjǐng	名词	prospect	13
轻易	qīngyì	副词/形容词	rashly; easy	2
趋势	qūshì	名词	tendency	13
确认	quèrèn	动词	to confirm	2

R

热搜	rèsōu	名词	trending topic	7
热销	rèxiāo	动词	to sell well, to be in great demand, to sell like hot cakes	12
人性化	rénxìnghuà	动词	to humanize	11
日程	rìchéng	名词	schedule	2

S

商务	shāngwù	名词	business affairs	2
上报	shàngbào	动词	to report to a higher authority	12
设施	shèshī	名词	installations, facilities	2
涉及	shèjí	动词	to involve, to relate to	2
申报	shēnbào	动词	to declare	1
审核	shěnhé	动词	to examine and verify	10

	生产线	shēngchǎnxiàn	名词	production line	5
	盛情款待	shèngqíng kuǎndài		to treat sb. with the utmost cordiality	3
	失效	shīxiào	动词	to lose efficacy	10
	实力	shílì	名词	strength	5
	实时	shíshí	副词	real-time	1
	事半功倍	shìbàn-gōngbèi	成语	to get twice the result with half the effort	8
	首发	shǒufā	动词	to release or publish for the first time	9
	首选	shǒuxuǎn	动词	to have (sb./sth.) as the first choice	12
	受潮	shòucháo	动词	to be affected with damp	4
	受制于人	shòuzhìyúrén	成语	to be controlled by others	12
	疏忽	shūhu	动词	to neglect	3
	输入	shūrù	动词	to input	4
	双重	shuāngchóng	形容词	double	9
	双赢	shuāngyíng	动词	win-win	6
	思路	sīlù	名词	(train of) thinking	8
	俗话	súhuà	名词	common saying	3
	素质	sùzhì	名词	quality	13
	随意	suíyì	形容词	at will	11
	损失	sǔnshī	名词/动词	loss; to lose	9
	索赔	suǒpéi	动词	to claim for compensation	6
T	谈判	tánpàn	动词	to negotiate	6
	特地	tèdì	副词	specially	5
	提倡	tíchàng	动词	to advocate	15
	体验	tǐyàn	动词	to experience	2
	条款	tiáokuǎn	名词	clause	6

	调整	tiáozhěng	动词	to adjust	9
	通勤	tōngqín	动词	to commute	15
	投放	tóufàng	动词	to put in (an advertisement, money, goods)	7
	投资	tóuzī	动词	to invest	11
	团队	tuánduì	名词	team, group	4
	团结	tuánjié	形容词/动词	united; to unite	13
	推介	tuījiè	动词	to promote and introduce	11
	推送	tuīsòng	动词	to push (a message, an article, information)	7
	托运	tuōyùn	动词	to consign for shipment	1
	拖后腿	tuō hòutuǐ		to be a drag on sb., to hold sb. back	15
	拓展	tuòzhǎn	动词	to expand	13
W	完善	wánshàn	动词	to make...better	9
	晚宴	wǎnyàn	名词	banquet	2
	无尘车间	wúchén chējiān		dust-free workshop	5
	物联网	wùliánwǎng	名词	Internet of Things	11
	物流	wùliú	名词	logistics	5
X	系列	xìliè	名词	series	4
	显示	xiǎnshì	动词	to display, to show	1
	现成	xiànchéng	形容词	ready-made	12
	销量	xiāoliàng	名词	sales volume	4
	小程序	xiǎochéngxù	名词	applet	13
	效应	xiàoyìng	名词	effect	8
	协调	xiétiáo	动词	to coordinate, to harmonize	15
	协议	xiéyì	名词	agreement	14

协助	xiézhù	动词	to assist, to help	9
携带	xiédài	动词	to carry	14
芯片	xīnpiàn	名词	(electronic computer) chip	12
新兴	xīnxīng	形容词	newly developing, newly emerging	7
信誉	xìnyù	名词	reputation	5
形象	xíngxiàng	名词	image	8
型号	xínghào	名词	model	6
性价比	xìngjiàbǐ	名词	cost-performance ratio	4
宣传片儿	xuānchuánpiānr	名词	promotional video	4
询盘	xúnpán	动词	to inquire	11

压缩	yāsuō	动词	to reduce, to cut	12
押金	yājīn	名词	deposit	1
延长	yáncháng	动词	to lengthen, to extend	2
延误	yánwù	动词	to delay	1
研发	yánfā	动词	to research and develop	4
演示	yǎnshì	动词	to demonstrate	11
验证	yànzhèng	动词	to verify	5
依托	yītuō	动词	to rely on, to depend on	13
一步到位	yíbù-dàowèi	成语	to settle a matter at one go	6
一致	yízhì	副词/形容词	together; unanimous	14
以便	yǐbiàn	连词	so that, in order to	14
异议	yìyì	名词	objection, dissent	6
意向	yìxiàng	名词	intention	2
意愿	yìyuàn	名词	will, intention	8
溢价	yìjià	动词	to pay a premium (over sth.'s face value/original price)	8

引领	yǐnlǐng	动词	to lead	8
营销	yíngxiāo	动词	(to do) marketing	7
营业	yíngyè	动词	to do business	10
佣金	yòngjīn	名词	commission	9
优化	yōuhuà	动词	to optimize (design or enviroment)	4
有幸	yǒuxìng	形容词	lucky	3
预订	yùdìng	动词	to book, to reserve	1
预授权	yùshòuquán	名词	pre-authorization	1
预算	yùsuàn	名词	budget	7
预祝	yùzhù	动词	to congratulate beforehand	3
原件	yuánjiàn	名词	original copy	14
粤式	yuèshì	形容词	Cantonese	3
云服务	yún fúwù		cloud services	13
云展厅	yún zhǎntīng		virtual exhibition hall	11

Z

杂	zá	形容词	varied	15
增值税	zēngzhíshuì	名词	value-added tax	10
占比	zhànbǐ	名词	proportion	7
占地	zhàndì	动词	to cover an area of	5
招标	zhāobiāo	动词	to invite tenders, to invite bids, to call for bids	12
证件	zhèngjiàn	名词	credentials, identification	1
政策	zhèngcè	名词	policy	9
执照	zhízhào	名词	license, permit	10
植入	zhírù	动词	to implant (a chip, an advertisement, etc.)	7
指教	zhǐjiào	动词	to give advice or comments	15
指令	zhǐlìng	名词	instruction	11

指纹	zhǐwén	名词	fingerprint	4
制度	zhìdù	名词	system, regulation	14
智能制造	zhìnéng zhìzào		intelligent manufacturing	12
滞销	zhìxiāo	动词	to be dull of sale	6
终端	zhōngduān	名词	terminal	13
逐年	zhúnián	副词	year by year	7
主打	zhǔdǎ	动词	to feature, to specialise in	8
主陪	zhǔpéi	名词	the main person who accompanies the guest(s)	3
专场	zhuānchǎng	名词	show of a particular variety	11
专车	zhuānchē	名词	tailored taxi service	1
转型	zhuǎnxíng	动词	to transform its development model	7
装修	zhuāngxiū	动词	to decorate (a room or house)	3
追逐	zhuīzhú	动词	to pursue	8
资格	zīgé	名词	qualification	10
资金	zījīn	名词	capital, fund	6
自动化	zìdònghuà	动词	to automate	5
自主	zìzhǔ	动词	to act on one's own, to be one's own master	12
总额	zǒng'é	名词	total amount	1
组件	zǔjiàn	名词	component unit	12
组建	zǔjiàn	动词	to set up (an organization or a team)	4
作战	zuòzhàn	动词	to fight	15

专有名词

CE 认证	CE Rènzhèng	CE Marking	12
ISO9001 质量管理体系认证	ISO9001 Zhìliàng Guǎnlǐ Tǐxì Rènzhèng	ISO 9001 Quality Management Systems Certification	12
OA 系统	OA Xìtǒng	Office Automation System	15
五粮液	Wǔliángyè	Wuliangye, a kind of Chinese white liquor	3

常用表达

常用表达项目	课号
B	
毕竟，消费者最看重的还是产品质量。	5
不仅如此，您还可以训练它，让它越来越聪明，越来越懂您。	11
C	
除此之外，还要增强管理层和具体业务部门之间的有效沟通。	15
从零部件到成品，我们一直都按照国际最高标准检测。	5
D	
大家暂停一下，我说几句。	15
代理商完成销售定额后，销售额每增加100万元，佣金率提高0.3个百分点，最高不超过8%。	9
但二位是远道而来，所以赵经理特地抽出一小时，亲自为二位讲解。	5
但我最看重的其实是讯达的企业文化——学习、创新、获益、团结，这非常契合我的价值追求。	13
E	
二位有什么忌口的吗？	3
G	
感谢您的理解与配合。	5
感谢讯达公司的盛情款待。	3

常用表达项目	课号
H	
很荣幸能成为讯达的一员。	14
很荣幸为二位接风洗尘！	3
货比三家，二位看得怎么样了？	12
J	
技多不压身。	12
截至去年底，市场份额已经排名第一了。	4
Jason 先生，我不得不说，您这助理太厉害了！	6
K	
考虑到你们坐了将近两天的飞机，咱们今天就在酒店的贵宾厅吃个简单的午餐。	2
M	
没错，您总结得很到位。	11
面试到此结束，请通过招聘小程序查看结果，或者等电话通知。	13
明星也好，"网红"也罢，只要能引领潮流，就可以考虑。	8
N	
哪里有讯达手机，哪里就有我们的售后服务中心。	4
哪怕末等奖只是一瓶洗手液，也不能让消费者失望。	9
那倒也是。	7
那我先说说吧。	7
你们俩说的都有道理。	7

常用表达项目	课号
你们确实做到了以用户为中心。	4
你一说我想起来了。	7
您的安排很周到，让您费心了。	2
您汉语说得太地道了。	1
您可以亲自体验一下。	4
Q	
其实对我来说，待遇不是最重要的，我更看重的是在讯达的职业发展前景。	14
其实我们一般不会轻易安排去工厂参观的，除非像你们这样的大客户。	2
请出示一下证件。	1
请您过目。	10
请您确认一下日程安排。	2
R	
如果被录用，之后我们还会给你发送正式的录用文件。	13
如果有问题，可以随时问我。	5
S	
是不是也可以考虑新年抽奖活动？	9
首先请允许我代表讯达公司向二位表示最热烈的欢迎。	3
售后服务一定要做好，否则会严重影响销量的。	4
恕我直言，既然咱们是自主研发，为什么不连摄像头也一起研发呢？	12

常用表达项目	课号
俗话说："有朋自远方来，不亦乐乎？"	3
T	
通过明星效应扩大品牌知名度，从而实现品牌溢价。	8
W	
万事开头难嘛。	6
王总，说实话，这款手机不属于新款，已经过了销售高峰期，不抓紧时间卖出去的话存在滞销风险。	6
我尽快去核实一下，再给您回复。	10
我就开门见山了。	6
我们的交付日期不会迟于合同约定的日期。	6
我们公司有专门的业务员和您精准对接，在线洽谈。	11
我是职场新人，工作中肯定有很多不懂的地方，以后少不了麻烦您。	15
我先跟你说一下情况。	14
我在电话里还以为您是中国人呢！	1
X	
希望我们早日达成合作意向。	2
细节决定成败。	10
先冻结您2000元的预授权作为押金，结算时房费会从预授权中扣除。	1
现在是互联网时代，传统媒体的劣势越来越明显。反之，新媒体广告形式多样，互动性强，信息量大，投放更灵活，推送也更精准。	7

常用表达项目	课号
谢谢领导们的肯定，我一定会加倍努力的。	14
新媒体的优势固然很多，但不可否认，传统媒体真实性更高，公信力更强，不像新媒体那样良莠不齐，真假难辨。	7
新年嘛，大家都想讨个好彩头。	9
选对了代言人就能事半功倍，选错了就会事倍功半。	8
Y	
严格按照官网上的参展申请材料清单去准备，一共六项，其中要特别注意，根据海关编码统计的出口额是展位安排的重要参考标准。	10
一定要确保准确无误。	10
以上就是我选择讯达的理由。	13
预祝我们合作愉快！	3
Z	
在校期间我的综合素质测评排名第一，多次获得奖学金。	13
张总过奖了，以后还请您多指教。	15
这个思路听上去不错。	8
这是基于人工智能和物联网开发的。	11
这是劳动合同和保密协议，一式两份。	14
这一点很关键。	8
知己知彼嘛。	12
中国的无人机品牌之所以能占领世界市场，主要是因为使用了大量现成的小组件，最大程度压缩了研发成本，降低了成品价格。	12